저자 동영상 무료강의

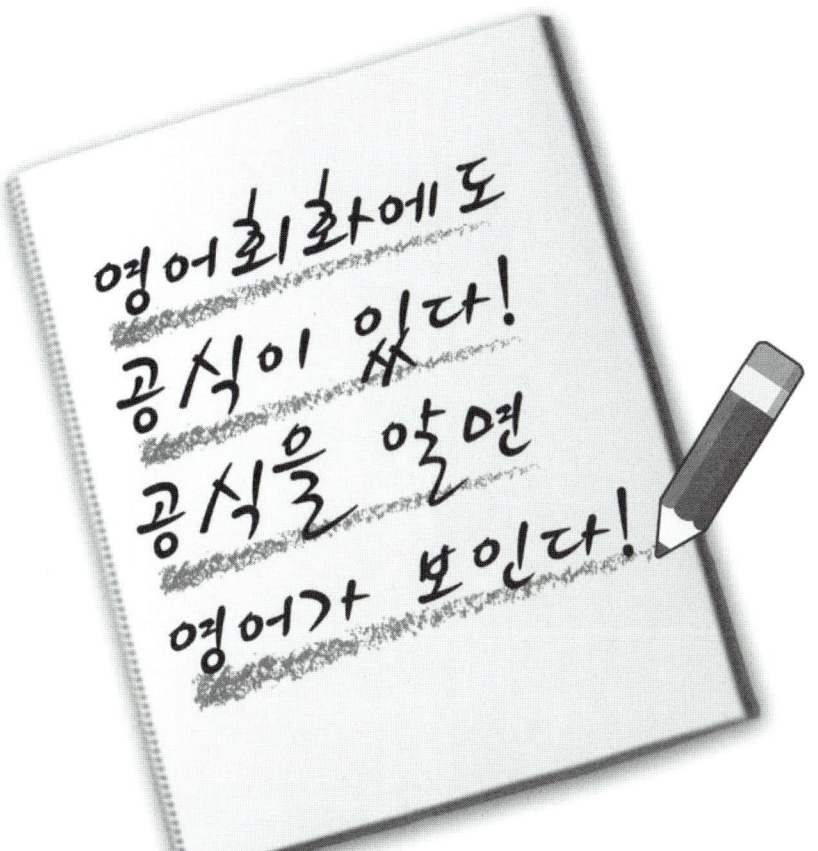

영어회화에도
공식이 있다!
공식을 알면
영어가 보인다!

영어회화의 정석

정진출판사

영어회화의 정석

저 자 서재우
발행인 박해성
발행처 정진출판사
편 집 김양섭, 박유미
기획마케팅 이훈, 이현주
디자인 이노션 뷰

초판 1쇄 인쇄 2012년 12월 10일
초판 1쇄 발행 2012년 12월 15일

주소 서울특별시 성북구 하월곡동 10-6호
전화 (02) 917-9900(代)
Fax (02) 917-9907
Homepage www.jeongjinpub.co.kr
등록일 1989.12.20
등록번호 제6-95호
ISBN 978-89-5700-115-8 *13740

정가 14,000원

출판사의 허락 없이 이 책의 일부 또는 전부를 무단 복사·복제·전재할 수 없습니다.
*잘못 만들어진 책은 구입하신 서점에서 교환해 드립니다.

영어회화의 정석

서재우 저

정진출판사

 **책을 내면서**

영어학습에서의 성공

영어학원에서 아이들과 성인을 대상으로 강의를 하다 보면 학생들 중에 꾸준히 학원을 다니며 열심히 공부를 하여 영어학습에 성공하는 경우는 아주 드물게 봅니다. 특히 성인들 중에는 주로 뚜렷한 목표와 강렬한 의지를 가진 학생들이 그나마 장기간 학원을 다니며 유창한 회화라는 결실을 보는데, 주로 해외에 나가야 하는 이유가 있으신 분, 영어가 아니면 승진이 안 되거나 퇴사를 할 수밖에 없으신 분 등 불가항력의 사유가 있는 분들이 많았습니다.

가장 큰 문제점은 Speaking 교재

목표가 불분명하거나 남들이 하니까 왠지 안 하면 불안해서 하는 의지가 약한 분들은 대충 2, 3개월 하고 중간에 포기하게 됩니다. 학원을 찾는 대다수의 학생들이 그런 분들이 아닌가 싶습니다.
회화공부를 하는 데 있어서 다수의 어려운 점들이 있겠지만 가장 큰 문제점은 Speaking 교재에 있다고 생각합니다. 특히 회화기초에 대해서는 시중에 나와 있는 수많은 교재들이 실제로 회화의 습득에 그렇게 도움이 되지 않는 구조와 내용으로 이루어져 있다고 여겨집니다.

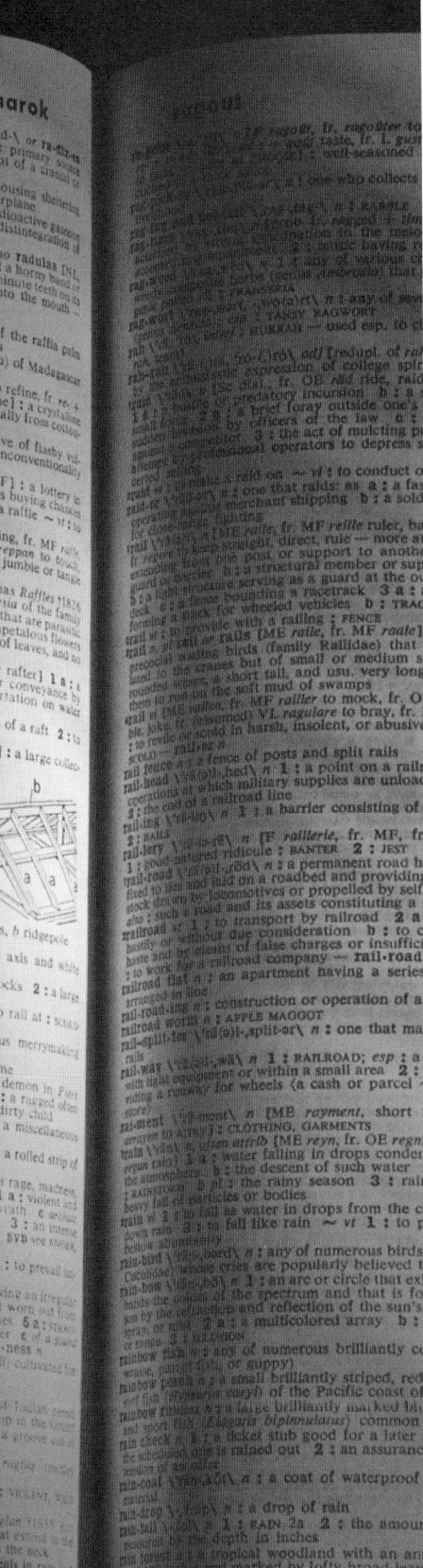

직장인이 학원에서 50분을 공부

거의 모든 영어 기초회화 교재들은 주제별로 이루어져 있습니다. 예를 들면 날씨, 비교급, 조동사(Can), Would you, 전화회화 등으로 나누어져 있는데, 이는 각 장을 배우고 난 뒤 완전히 습득하고 책의 내용을 완전히 외우지 않는 한 실제로 효과를 거두기 어렵게 되어 있습니다.

어느 성인이, 특히 직장인이 학원에서 50분을 공부하고 집에서 두세 시간 복습하여 그날 배운 Chapter의 내용을 완전히 달달 외울 수가 있을까요?

학원에서 회화를 위한 커리큘럼은

아이들의 경우는 더욱 험난합니다. 본인의 의사와는 상관없이 부모님들의 손에 이끌려 어학을 배우는데, 실제로 읽기, 듣기, 쓰기, 문법에만 치중해서 배우며 정작 회화는 뒷전이 되곤 합니다. 학원에서 회화를 위한 결정적인 커리큘럼과 노하우가 없기 때문에 실력향상이 더디고, 그냥 외국인들과 간단한 대화 몇 마디를 주고받는 정도의 형식적인 speaking 공부에 그치는 수가 대부분입니다.

공식을 배움으로써 실질적인 회화 습득

그런 책들로 아이들과 성인들을 가르치면서 그들의 출석율이 시간이 지나감에 따라 점점 낮아지다가 끝내 포기하는 것을 다반사로 보면서 제 나름대로 고민과 갈등을 하였고, 일방적으로 외우는 게 아니라 말하는 공식을 배움으로써 실질적인 회화 습득에 효율적인 도움이 되는 교재를 연구하여 마침내 이 책을 발간하게 되었습니다.

영어에는 왕도가 없다?

영어에는 왕도가 없다는 말을 수없이 들었겠지만 영어에도 수학처럼 기본 공식이 있고 그 공식을 여러분들이 이 책을 통해 습득한다면 별도로 머리를 싸매고 끙끙대며 모든 문장들을 외우지 않아도 기초적인 회화를 할 수 있는 수준까지의 실력을 키울 수 있다고 확신하면서 영어 학습의 성공을 기원합니다.

이 책의 목표

이 책은 영어회화를 시작하는 분들에게 영어회화 실력을 유창하고 완벽하게 만들어주는 것이 목표가 아닙니다. 영어회화를 시작하는 분들에게 영어를 말하는 데 대한 두려움을 없애 주고 영어회화가 얼마나 쉽고 단순한가를 이해시키며, 아울러 비록 단순하고 기초적인 표현이라도 자신 있게 내뱉을 수 있게 만드는 데 초점을 두었습니다. 더 나아가서는 보다 높은 레벨로 발전해 나아갈 수 있는 튼튼한 밑바탕이 되게 하는 데 목표를 두고 있습니다. 그리고 Be동사와 일반동사의 개념과 활용을 완성하는 것 또한 실질적인 목표로 두고 있습니다. 물이 흘러가듯 이 책을 따라가다 보면 자연스럽게 영어회화 실력이 한단계 업그레이드된 자신을 발견할 수 있을 것입니다.

틀린 영어도 외국인들은 모두 이해하고
서로 의사소통이 가능하니
실수하는 것을 부끄러워하지 마십시오.
목소리 작게 내는 것을 부끄러워하십시오.

이 책을 공부해야 되는 분들

1. 영어회화에 첫발을 디딘 분들
이 책은 입을 여는 데 기초적인 질문 그리고 대답하는 법을 확실하게 알려 드립니다.

2. 영어공부를 시작했다 중단했다를 반복하는 분들
이 책은 다양하고 복잡한 내용과 구성이 아니라 Be동사와 일반동사의 활용과 시제만을 집중적으로 다루고 있어 산만하다거나 어렵지가 않습니다. 회화 공식을 통해 확실하게 Speaking의 기초를 마스터하게 해 드립니다. 그리고 보다 높은 단계를 위한 탄탄한 초석을 만들어 드립니다.

3. 단기간에 영어회화를 공부해야 되는 분들
업무상 영어가 필요해 당장 공부를 시작해야 하는 분, 직장을 얻기 위해 영어 공부를 시작하는 분들에게 짧은 시간 내에 영어를 말하게 할 수 있는 법을 가르쳐 드립니다.

4. 영어회화에 관심이 있는 분들
요즘은 영어회화와는 다소 거리가 멀게 느껴지는 주부들 또한 자녀들의 교육 때문에 영어회화에 많은 관심을 가지고 계십니다. 그런 분들이 영어회화를 시작하는 데 많은 도움이 될 것입니다.

5. 영어를 오랫동안 손 놓았거나 학원에 갈 시간이 없는 분들
제 자신이 학원에서 영어회화 기초를 위해 많이 가르쳐 왔던 내용들이기에 오랜만에 영어를 시작하시는 분들이나 학원에 지속적으로 갈 시간이 없는 분들이 영어를 혼자 공부하는 데 편리하게 사용할 수 있도록 만들었습니다.

6. 마지막으로 어린이들의 회화 교재가 필요한 분들
이 책을 활용하면 기존의 회화 책과는 다른 실질적인 효과를 거둘 수 있을 것입니다.

이 책의 구성과 학습 방법

– 4단계 학습법 –

4 단계 학습법

가볍게 읽기
무조건 따라해야 하고 무작정 반복해야 하는 학습법은 영어회화 공부를 지루하게 그리고 지치게 만듭니다. 이유를 알고 목적을 이해해야지 반복과 연습이 타당성이 있고 재미있어집니다. 영어회화에도 수학처럼 공식이 있습니다. 그것들을 〈문법〉이라고도 표현합니다. 문법이라고 하면 머리가 지끈지끈 막연히 어렵다고 생각하는데 다행히 첫 번째 Step에서는 최소한의 문법으로 회화의 원리를 쉽게 풀이하여 다음 학습에 타당성과 뚜렷한 목적을 부여하는 데 그칠 것입니다. 수학에서 말하면 덧셈, 뺄셈, 곱셈, 나눗셈 수준의 문법이니 너무 겁먹지 마세요.

예제로 이해하기
예제를 통하여 원리를 완벽하게 이해시키고 회화 연습에 자신감을 부여해 줍니다. 다양하면서 실용적인 회화를 통하여 초보자도 영어회화가 어렵지 않다는 것을 깨닫게 될 것입니다.

Speak up!
일상생활에서 흔히 쓰이는 내용의 예문들을 반복 연습하여 완전히 자신의 것으로 만들어 사용할 수 있게 만듭니다. 영어는 혼자 연습하는(혼자 계속 말해 보는) 훈련을 끊임없이 해야 합니다. 패턴이 있는 예문을 통해 기초표현들을 완벽하게 체득하고, 보다 다양한 문장을 스스로 만들어 응용해 봐야만 기초회화를 정복할 수 있습니다. 뒷부분에는 다양한 방법을 통한 실용적 영어표현 연습하기가 있습니다. 이것으로 더욱 살아있는 영어회화 표현법을 익힐 수 있습니다.

심화학습
주어를 우리 일상생활 주변에 있는 다양한 것들로 바꾸어 문장을 더 실용적으로 만들고 사용할 수 있게 연습합니다. 여기서는 실제로 영어회화를 활용할 수 있는 단계로 만들 수 있습니다.

각 chapter가 다루는 내용의 특성상 각 step 내용의 장단의 차이가 있을 수 있고 편의상 step이 생략되는 장도 있습니다. 특히 심화학습은 그 chapter의 다양하고 종합적인 형태를 다루기 때문에 다소 복잡하고 다양한 내용과 패턴이 나올 수도 있습니다.

Contents

책을 내면서

이 책의 구성과 학습 방법

Chapter 1. 주어와 동사   15
    주어는 주인공이다
    동사는 핵심이다

Chapter 2. Be동사   25
Step 1 가볍게 읽기

Step 2 예제로 이해하기
    Be동사 예문
    Be동사가 주로 쓰이는 문장들

Step 3 Speak up!
    주어 I로 시작해 보기
    주어 바꿔 연습해 보기
    Be동사 부정문 만들기
    Be동사 의문문 만들기

Step 4 심화 학습
    주어 바꿔 활용하기
    유용한 응용 문장
    실전 상황 응용 문장
    It을 사용한 문장들
    It을 사용한 보다 다양하고 실용적인 문장 연습
    기타 유용한 표현들
    문장 맘대로 바꿔 보기
    최종 연습

Chapter 3. Do동사 (69)

Step 1 가볍게 읽기

Step 2 예제로 이해하기
- Do동사의 활용법 – 평서문
- Do동사의 활용법 – 부정문
- Do동사의 활용법 – 의문문

Step 3 Speak up!
- 직접 말해 보기 – 평서문
- 직접 말해 보기 – 부정문
- 직접 말해 보기 – 의문문
- 내 맘대로 만들어 보기 1
- 내 맘대로 만들어 보기 2
- 실제 상황 응용 문장 1
- 실제 상황 응용 문장 2
- 기타 동사들의 활용

Step 4 심화 학습
- 무조건 말해 보기 – 평서문
- 무조건 말해 보기 – 부정문
- 무조건 말해 보기 – 의문문

Chapter 4. Be동사, Do동사 의문문 답하기 (107)

Chapter 5. 5W1H 의문문 만들기 (111)

05-1 5W1H 의문문 만들기 – Be동사 의문문

Step 1 가볍게 읽기

Step 2 예제로 이해하기

Step 3 Speak up!

05-2 5W1H 의문문 만들기 – Do동사 의문문

Step 1 가볍게 읽기

Step 2 예제로 이해하기

Step 3 Speak up!
- 다양한 문장 패턴 연습하기

05-3 5W1H 의문문 만들기 - How 의문문
Step 1 가볍게 읽기
Step 2 예제로 이해하기
 How의 실제적인 활용법
Step 3 Speak up!
 기타 How 표현들

Chapter 6. 5W1H 질문 대답하기 (139)
Step 1 가볍게 읽기
Step 2 예제로 이해하기
Step 3 Speak up!
Step 4 심화 학습

Chapter 7. 현재시제 (157)
Step 1 가볍게 읽기
 현재시제란
Step 2 예제로 이해하기
 현재시제 연습
Step 3 Speak up!
 Be동사, Do동사 의문문 연습
 What 의문문 연습 - 질문하기
 What 의문문 연습 - 답해 보기
 대화 문장 만들어 보기
 현재시제 연습

Chapter 8. 과거시제 (183)
Step 1 가볍게 읽기
Step 2 예제로 이해하기
 과거시제 연습 - 문장 만들기
 과거시제 연습 - 부정문, 의문문
Step 3 Speak up!
 과거시제 연습 - 답하기 1
 과거시제 연습 - 답하기 2
 과거시제 연습 - 답하기 3

Step 4 심화 학습

    과거시제 연습 – 묻고 답하기

Chapter 9. 미래시제   203

Step 1 가볍게 읽기

Step 2 예제로 이해하기

    Be going to 동사원형 구문 활용법

    Be동사 + -ing 구문 활용법

    Will + 동사원형 구문 활용법

Step 3 Speak up!

    Be going to 동사원형 구문 활용법

    Be동사 + -ing 구문 활용법

    Will + 동사원형 구문 활용법

    종합 연습

Step 4 심화 학습

    Be going to 동사원형 구문

    Be동사 + -ing 구문

    Will + 동사원형 구문

    미래시제 연습 – 답하기 1

    미래시제 연습 – 답하기 2

    미래시제 연습 – 묻고 답하기

Chapter 10. 현재진행형   237

Step 1 가볍게 읽기

Step 2 예제로 이해하기

    현재진행형 연습 – 의문문, 부정문

Step 3 Speak up!

    현재진행형 연습 – 다양한 문장 만들어 보기

    현재진행형 연습 – 답하기

    Get 진행형과 의문문 활용

Chapter 11. 시제비교 연습   253

모범 답안   261

Chapter 1
주어와 동사

주어는 주인공이다.

동사는 핵심이다.

01 주어와 동사 (S + V)

외국인이 무엇을 물어온다면 운 좋게 아님 실력으로 알아듣고 대답을 하는 상황이 벌어집니다.

Yes나 No로 대답할 수 있는 Be동사 또는 일반동사 의문문이면 좋겠지만 주어 동사를 넣고 대답해야 하는 5W1H(Where, When, Why, Who, What, How) 질문으로 물어왔을 때 초보자들은 힘겹게 주어를 말하고 나서 막연히 침묵 속에 빠지게 됩니다. 땀을 흘리며 이 자리를 어떻게 피할까 하는 생각도 듭니다. 물론 질문을 잘 이해하지 못한 이유도 있겠지만 주어 다음에 나오는 말, 즉 동사가 머릿 속에 곧바로 떠오르지 않아서 영어가 막히게 되는 것입니다. 다시 말해 주어와 동사만 자신 있게 내뱉을 수 있으면 영어회화의 기초는 완성되었다고 할 수 있습니다.

주어는 명사형이며 동사는 동작을 나타내는 말을 나타냅니다. 물론 가장 많이 쓰이는 동사는 Be동사인데, 실제로 Be동사는 동작의 의미를 가지지 않습니다.

영어를 나무에 비유한다면 명사가 나무뿌리에 해당하고 동사가 나무줄기에 해당한다고 생각되며 그 밖의 형용사, 부사들은 잔가지, 잎이나 꽃에 해당됩니다. 앞으로 이 책에서 여러분은 어떻게 주어 동사를 자연스럽게 내뱉는지 끊임없이 배우게 될 것입니다. 외국인이 무엇을 물어 올 때 아니면 말을 걸 때 먼저 주어 동사를 내뱉고 나면 그 다음의 말들을 생각하고 찾아낼 여유를 가질 수 있을 것입니다.

이 책의 주제가 주어와 동사라고 해도 과언이 아닙니다. 일반적으로 영어의 모든 문장을 다섯 가지 형태로 구분하는데 그 다섯 문장구조는 다음과 같습니다. 영어의 말은 특수한 용법을 제외하고 모두 주어와 동사로 시작되니 당연히 주어와 동사가 중요할 수밖에 없습니다.

참고로 영어의 다섯 가지 문장 구조는 다음과 같습니다.

1. S + V   주어 + 동사
2. S + V + C   주어 + 동사 + 보어
3. S + V + O   주어 + 동사 + 목적어
4. S + V + I.O + D.O   주어 + 동사 + 간접 목적어 + 직접 목적어
5. S + V + O + O.C   주어 + 동사 + 목적어 + 목적보어

여러분을 질식하게 만드는 길고 긴 문장도 결국 위의 다섯 가지 중의 하나 또는 여러 개로 이루어져 있을 뿐입니다. 모두 **주어 동사**로 시작한다는 사실을 명심하고 주어 동사를 먼저 내뱉는 습관을 기르십시오.

우리는 1, 2, 3형식에는 익숙하지만 4, 5형식에는 취약한 점을 보입니다. 실제로 4, 5형식은 영어 Native Speaker들에겐 너무나 흔히 사용되며 다양한 내용들을 유용하게 표현할 수 있는 고급스러우면서도 실용적인 문장을 이루게 해줍니다.

01 주어와 동사

✏️ 주어는 주인공이다.

주어는 문장의 주인공으로서 보통 제일 먼저 나오는 단어입니다.
모든 명사들이 주어로 사용될 수 있습니다. 앞에 사용된 명사들을 다시 주어로 사용할 때 그 명사를 그대로 사용해도 되지만 보통은 앞에 나온 명사를 대신하여 대명사를 사용합니다.

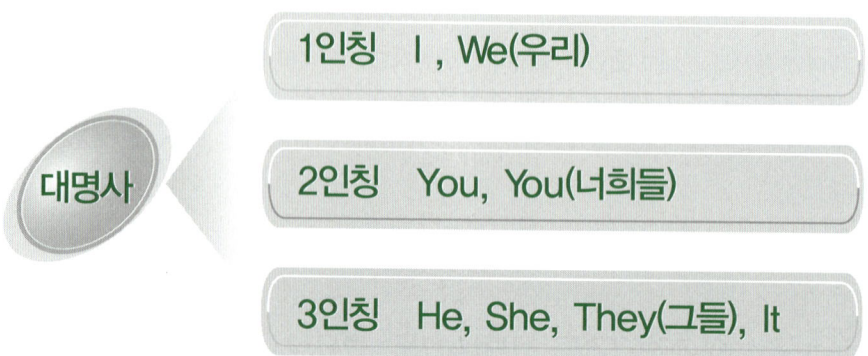

앞에 나온 주어가 남자 한 명일 때는 he로 대신 받고 앞에 나온 주어가 여자 한 명일 때는 she로 대신 받습니다. 사람이든 사물이든 주어가 두 개 이상일 때는 they로 대신 받으며 사물이 하나일 때는 it으로 받습니다.

1인칭은 주어가 나인 것을 말합니다.
2인칭은 주어가 너인 것을 말합니다.
3인칭은 나, 너를 제외한 제3자나 제3의 것이 주어인 것을 말합니다.
it은 특히 비인칭 주어로서 날씨, 거리, 온도, 가격 등을 표현할 때 별도로 해석할 필요 없는 가상 주어로 사용합니다.

대명사

주격	소유격	목적격	소유대명사
I	my	me	mine
You	your	you	yours
She	her	her	hers
He	his	him	his
We	our	us	ours
They	their	them	theirs
It	its	it	its

주어의 경우 항상 주어가 하나인지 둘 이상인지, 그 수가 단수인지 복수인지를 구분하는 것이 중요합니다. 단수일 때와 복수일 때 뒤에 붙이는 Be동사의 종류가 다를 뿐 아니라 일반동사의 경우에도 변화가 있을 수 있기 때문입니다.

명사가 주어일 때 명사 앞에 소유격을 붙이는 경우가 있습니다.

나의 친구들   너의 가방   그녀의 돈   그의 개들   우리의 집

My friends   Your bag   Her money   His dogs   Our house

위의 문장에서 소유격인 My, Your, Her, His, Our는 절대로 주어가 될 수 없습니다. 주격 대명사가 아니라 소유격으로 형용사 역할을 하여 뒤에 나오는 명사를 수식하며 뒤의 명사가 주어가 됩니다.

My friends 에서 주어는 「친구들」이며 복수입니다.

Your bag 에서 주어는 「가방」이며 단수입니다.

Her money 에서 주어는 「돈」이며 물질명사로서 단수 취급합니다.

His dogs 에서 주어는 「개들」이며 복수입니다.

Our house 에서 주어는 「집」이며 단수입니다.

다시 한 번 말하자면 대명사의 경우 주격만 주어가 될 수 있으며 다른 격들은 주어가 될 수 없습니다. 소유격들은 너무나 자주 사용되지만 절대 주어가 아니며 뒤의 명사만이 주격이 될 수 있습니다

01 주어와 동사

✏️ 동사는 핵심이다.

주어 바로 뒤에 오는 품사가 동사로서 영어문장에서 가장 중요한 단어 또는 품사라고 할 수 있습니다. 그 종류는 Be동사와 일반동사(Do동사)로 나누어집니다. 그리고 동사란 동작 또는 행위를 나타내는 품사를 말합니다.

Be동사는 오직 Am, Are, Is 이 세 가지뿐입니다.
일반동사는 동사 본래의 동작이나 행위를 나타내는 단어입니다.

go(가다), eat(먹다), read(읽다), cry(울다) 같은 아주 일반적인 동사에서부터 translate(해석하다), communicate(의사 소통하다), maintain(유지하다) 등 복잡한 의미를 포함한 동사까지 무수한 동사가 존재합니다. 이런 것들을 일반동사라고 하며 그 대표로 '하다'라는 뜻의 Do를 내세워 **Do동사**라고도 합니다.

동사의 사용법은 먼저 말하고자 하는 문장에서 표현하고자 하는 동작, 행위를 떠올리고 그에 해당하는 동사를 주인공인 주어의 뒤에 붙이면 됩니다.

나는 간다.	I go.
너는 먹는다.	You eat.
그녀는 읽는다.	She reads.
개는 달린다.	A dog runs.

실제로 일상생활에 쓰이는 동사들의 숫자는 400~500개도 되지 않으며 그 중에 get, have, take, put, make 등 상위 몇 퍼센트의 동사들이 가장 빈번하게 사용되니 동사 암기에 겁먹을 필요는 없습니다.

Be동사는 동작이나 행위의 뜻이 없는 문장에 문법상 넣어 줍니다.

그녀는 예쁘다.	She is pretty.
나는 바쁘다.	I am busy.
너는 학생이다.	You are a student.
이 방은 춥다.	This room is cold.
그것은 비싸다.	It is expensive.

위의 문장같이 동작이 없는 상태뿐인 의미의 문장에 Be동사가 사용됩니다.

주 의

1. 영어에서 하나의 주어에 Be동사와 일반동사를 함께 나란히 쓸 수는 없습니다.

    I am go. (X)   You are study. (X)   She is eat. (X)

    문장의 내용에 따라 Be동사나 일반동사 하나만 쓸 수 있습니다. 이 둘은 절대로 같이 사용될 수 없습니다.

2. 조동사 **can, will, must, may, should** 등은 동사가 아닙니다. Be동사 뒤나 일반동사 앞에 쓰여 그 고유의 의미를 동사에 덧붙일 뿐입니다.

    can + 동사   (동사를) 할 수 있다.
    will + 동사   (동사를) 할 것이다.
    must + 동사   (동사를) 해야만 한다.

 쉬어가기

어렵게 배우는 대한민국의 영어

영어가 쉽다고 하는 사람들도 있겠지만 초보자들에게는 영어가 하늘의 별 따기만큼 어려운 것이 사실입니다. 하지만 분명히 말하고 싶은 것은 전문적인 영어가 아닌 일상적인 수준의 Speaking 영어는 정말 쉽다는 사실입니다. 다만 우리 교육 방식이 엉터리라 쉬운 영어를 너무 어렵게 배우고 있는 게 현실입니다.

영어에 입문하는 초등학생의 경우를 실례로 들어 보겠습니다. 원래 언어 학습이라는 게 듣고 말하기 순으로 시작되어 자연스럽게 읽고 쓰기로 흘러가야 되는데 우리나라는 반대로 읽고 쓰기를 먼저 하고 듣고 말하기 순으로 거슬러 올라갑니다.

듣고 말하기를 통해 (특히 말하기) 의사소통이 되고 나면 영어에 대한 자신감과 흥미가 올라가 읽고 쓰기 공부에 열심히 매진할 수 있을 것입니다. 게다가 말이 되고 나면 읽기와 쓰기도 그만큼 쉽게 느껴질 것입니다.

그런데 우리는 읽고 쓰기에 더욱 집중을 하고 마지막에 말하기에 시간을 투자합니다. 그래서 대부분 영어 말하기는 실패하고 중학교로 넘어가기 직전 문법에 신경을 쓰고 자연스럽게 내신위주의 시험용 영어에 집중하게 됩니다. 결과는 학생들이 어릴 때부터 시작해서 수년을 영어에 투자하고도 결국 말 한마디 자연스럽게 하지 못하는 실패한 교육 시스템의 희생자가 되는 것입니다.

엄청난 시간과 돈을 영어 공부에 투자하고도 동남아나 중동 국가의 학생들보다 더 회화를 못하는 것이 우리나라 영어 교육의 현실입니다. 그럼 그 이유가 무엇일까요?

바로 공립학교와 사립학교 및 각종 학원을 비롯한 우리나라의 교육 기관들이 자신들이 편리하게 가르칠 수 있는 읽기, 쓰기 교육 위주에 집중하고 장시간의 정성과 노력이 필요한 말하기는 등한시하고 있기 때문입니다. 특히 사립학원의 경우는 단시간에 부모님에게 성과를 보이기 위해 읽기, 쓰기에 모든 노력을 투자하고 있습니다.

또한 공사립 학교 모두 영어 말하기를 가르칠 수 있는 시스템도 없고 실력도 없기에 자신들이 할 수 있는 읽기, 쓰기, 듣기만을 집중적으로 가르치고 있습니다. 이것이 수 세대 동안 내려온 대한민국 영어교육의 악습이고 또한 현실입니다.

"무슨 말이냐. 아이들 중에 영어 잘하는 아이들도 점점 늘어나고 있지 않느냐?" 이렇게 반론을 제시하는 분들도 있겠지만 솔직히 그런 애들은 유명한 학원에서 A,B,C에서부터 배워 프리토킹까지의 실력을 키운 아이들이 아니라 외국에 몇 년 동안 살았거나 어학 연수를 다녀온 아이들입니다. 그 애들이 영어 실력을 계속 유지하기 위해 (또는 영어를 사용하기 위해) 대형 학원 외국인 강사들과 함께 공부를 하는 것뿐입니다. 현실적으로 국내의 어느 학원이 A, B, C에서 시작하여, 자유로운 회화 구사의 수준까지 키울 수 있을까요?

저는 우리나라의 모든 영어 교육 시스템이 말하기 위주로 바뀌어야 한다고 강력하게 믿고 있고 당장의 성과를 바라는 부모님들 또한 조급함을 버리고 말하기를 가장 우선시하는 마음을 가진다면 영어가 훨씬 쉬워지고 누구나 영어를 말할 수 있는 진정한 영어 어학 교육이 될 거라고 믿습니다.

Chapter 2
Be동사

Step 1 가볍게 읽기

Step 2 예제로 이해하기

   Be동사 예문

   Be동사가 주로 쓰이는 문장들

Step 3 Speak up!

   주어 I로 시작해 보기

   주어 바꿔 연습해 보기

   Be동사 부정문 만들기

   Be동사 의문문 만들기

Step 4 심화 학습

   주어 바꿔 활용하기

   유용한 응용 문장

   실전 상황 응용 문장

   It을 사용한 문장들

   It을 사용한 보다 다양하고 실용적인 문장 연습

   기타 유용한 표현들

   문장 맘대로 바꿔 보기

   최종 연습

02 Be동사

가볍게 읽기

Be동사란? 영어에서 가장 많이 쓰이는 동사

다시 한 번 말하지만 동사라는 품사는 동작이나 행위를 나타내는 단어들입니다. 하지만 동사의 뜻에 어울리지 않는 동사가 있는데 이것이 바로 Be동사입니다. 비록 동사라는 이름이 붙었지만 어떤 동작이나 행위의 의미를 담지 않고 오히려 존재의 뜻을 담고 있으며 '이다', '되다', '있다' 이 세 가지의 뜻으로 주로 해석됩니다.

Be동사에는 Am, Is, Are 이 세 가지가 있으며 Be는 Be동사의 원형입니다. 문장에는 주어 동사가 반드시 필요한데 동작이 없는 상태 문장의 경우 동사가 포함되어야 하므로 일반동사 대신 Be동사를 넣어 주게 됩니다. 그래서 Be동사를 상태동사라고도 합니다.

예제로 이해하기

✏️ Be동사 예문

1인칭 단수, 즉 I에 am, 2인칭 You에 are, 3인칭 단수에 is를 사용합니다.

예문
1인칭	I am
2인칭	You are
3인칭	She is, He is, It is

그리고 1인칭, 2인칭, 3인칭에 관계없이 주어가 두 개 이상의 복수일 경우 Be동사는 항상 are만이 쓰입니다. 또한 Be동사는 동작이나 행위의 뜻이 없는 문장에 문법상 넣어 줍니다. 대부분의 문장들이 S + V로 시작되기 때문에 어쩔 수 없이 넣어 줍니다.

예문
그녀는 예쁘다.	She is pretty.
나는 바쁘다.	I am busy.
너는 학생이다.	You are a student.
이 방은 춥다.	This room is cold.
그것은 비싸다.	It is expensive.

위의 문장같이 동작의 의미가 없는, 상태뿐인 의미의 문장에 Be동사가 사용됩니다.

02 Be동사

 Be동사가 주로 쓰이는 문장들

Be동사들이 쓰이는 문장들은 일반동사가 쓰이지 않는 문장들로서 적극적인 동작이 없는 상태를 표현하는 문장들에서 주로 쓰입니다.

첫 번째로 날씨, 온도, 무게, 거리를 표현하는 문장에서 Be동사가 주로 쓰입니다. 이 경우 주어로 비인칭 주어 it(별도로 해석이 되지 않음)이 함께 자주 쓰입니다. 예를 들면 10킬로이다, 20도이다, 덥다, 멀다 이런 표현들을 쓸 때에는 어떠한 동작도 나타나지 않게 됩니다. 그러므로 그에 해당하는 일반동사들은 존재하지 않지만 문장에는 동사가 반드시 와야 하기에 Be동사를 사용하게 됩니다.

It is windy.	바람이 분다.
It is heavy.	무겁다.
It is far.	멀다.
It is cold.	춥다.

두 번째로 모양, 색깔, 길이, 성질, 특성, 상태 등 주어의 성질이나 모습을 묘사할 때 Be동사를 주로 사용하게 됩니다.

She is beautiful.	그녀는 아름답다.
These are expensive.	이것들은 비싸다.
My car is fast.	내 차는 빠르다.
I am sleepy.	나는 졸리다.

세 번째로 주어에 대한 지시나 정의와 관련하여 Be동사를 사용합니다.

What is this?   이것은 무엇인가?

Who is he?   그는 누구인가?

She is a doctor.   그녀는 의사이다.

I am a student.   나는 학생이다.

네 번째로 주어의 감정을 표현할 때 역시 Be동사를 사용합니다.

I am happy.   나는 행복하다.

She is lonely.   그녀는 외롭다.

My friend is angry.   내 친구는 화가 나 있다.

He is sad.   그는 슬프다.

02 Be동사

다섯 번째로 Be동사 어구인 Be going to~ (미래형) / Be V(동사)ing~ (진행형 또는 가까운 미래) / Be 어구 숙어 등에서 Be동사가 반드시 사용됩니다.

이상과 같은 상황에서 Be동사는 유용하게 사용됩니다. 다시 한 번 강조하지만 영어에서 가장 많이 사용되는 동사가 Be동사라는 점을 명심하고 이것들을 사용하는 데 절대 인색하지 마세요.

다음 문장에서 일반동사 의문문보다 뒤의 Be동사가 쓰인 문장이 더욱 자주 사용됩니다.

Do you have time? 너 시간 있니.

Can you sing well? 너 노래 잘 하니.

Are you free? 너 한가해?

Are you a good singer? 너는 좋은 가수니?

Speak up!

영어에서 가장 많이 사용되는 동사는?

바로 **Be(am, are, is)**동사입니다. Be동사 문장은 간단하지만 굉장히 유용하면서 또한 빈번하게 사용됩니다. 미국에서는 Be동사 문장을 일반동사 문장보다 더 빈번하게 사용합니다. '너 이번 주말 시간 있니?'를 영어로 말하려면 **Do you have time this weekend?**를 떠올리겠지만 **Are you free this weekend?**가 더 간단하고 자주 사용됩니다. 또 '**너는 축구 잘 하니?**'는 **Can you play soccer well?**보다는 **Are you a good soccer player?**가 더 영어식 표현입니다. 간단하지만 막강한 Be동사 문장과 친구가 되세요.

주어 I로 시작해 보기

다음의 패턴을 연습하고 익힌다면 알고 있는 단어들만으로도 적재적소에 딱 맞는 영어표현을 할 수 있습니다. 자신감을 가지고 다음의 문장들을 만들어 보세요.

1. 나는 행복하다.	**I am happy.**
2. 나는 슬프다.	**I am sad.**
3. 나는 배고프다.	**I am hungry.**
4. 나는 배부르다.	**I am full.**

02 | Be동사

5. 나는 피곤하다. **I am tired.**
6. 나는 외롭다. **I am lonely.**
7. 나는 졸리다. **I am sleepy.**
8. 나는 화났다. **I am angry.**
9. 나는 아프다. **I am sick.**
10. 나는 바쁘다. **I am busy.**
11. 나는 괜찮다. **I am OK.**
12. 나는 키가 크다. **I am tall.**
13. 나는 춥다. **I am cold.**
14. 나는 강하다. **I am strong.**
15. 나는 늦는다. **I am late.**
16. 나는 똑똑하다. **I am smart.**
17. 나는 귀엽다. **I am cute.**
18. 나는 게으르다. **I am lazy.**
19. 나는 부자다. **I am rich.**
20. 나는 가난하다. **I am poor.**
21. 나는 좋은 학생이다. **I am a good student.**
22. 나는 요리사다. **I am a cook.**
23. 나는 선생님이다. **I am a teacher.**

24. 나는 학생이다.	**I am a student.**
25. 나의 핸드폰은 새 거다.	**My cell phone is new.**
26. 나의 집은 크다.	**My house is big.**
27. 나의 엄마는 간호사다.	**My mother is a nurse.**
28. 나의 아버지는 의사다.	**My father is a doctor.**
29. 나의 우산은 고장 났다.	**My umbrella is broken.**
30. 나의 컴퓨터는 오래되었다.	**My computer is old.**
31. 나의 방은 어둡다.	**My room is dark.**
32. 나의 가방은 비었다.	**My bag is empty.**
33. 내 개는 크다.	**My dog is big.**
34. 내 손은 작다.	**My hands are small.**
35. 이 차는 뜨겁다.	**This tea is hot.**

주어가 I 이면 Be동사는 am, You이면 Be동사는 are, 그 외에 **3인칭(제3의 것) 하나이면 is**, 주어가 둘 이상이면 are를 사용합니다. 위쪽의 문장들이 별로 중요하지 않게 보일지도 모르지만 실제로 흔히 시용되는 Be구문입니다. 단순히 쓰는 데 그치지 말고 계속 말하고 연습함으로써 문장이 입에 배도록 하세요. 뒤에 다른 형용사들을 갖다 붙이면 새로운 응용문장이 될 수 있으며 여러분의 영어 회화 실력 향상에 막강한 힘이 될 것입니다.

02. Be동사

02 | Be동사

✏️ 주어 바꿔 연습해 보기

주어를 바꿔 보세요. 2인칭 You, 3인칭 He, She로 바꾸어 말해 보세요. 또는 '너의'는 your, '그의'는 his, '그녀의'는 her이니 그 뒤의 명사를 붙여 다양한 주어로 연습해 보세요.

1. 너는 행복하다.	1. 그는 행복하다.	1. 그녀는 행복하다.
2. 너는 슬프다.	2. 그는 슬프다.	2. 그녀는 슬프다.
3. 너는 배고프다.	3. 그는 배고프다.	3. 그녀는 배고프다.
4. 너는 배부르다.	4. 그는 배부르다.	4. 그녀는 배부르다.
5. 너는 피곤하다.	5. 그는 피곤하다.	5. 그녀는 피곤하다.
6. 너는 외롭다.	6. 그는 외롭다.	6. 그녀는 외롭다.
7. 너는 졸리다.	7. 그는 졸리다.	7. 그녀는 졸리다.
8. 너는 화났다.	8. 그는 화났다.	8. 그녀는 화났다.
9. 너는 아프다.	9. 그는 아프다.	9. 그녀는 아프다.
10. 너는 바쁘다.	10. 그는 바쁘다.	10. 그녀는 바쁘다.
11. 너는 괜찮다.	11. 그는 괜찮다.	11. 그녀는 괜찮다.
12. 너는 키가 크다.	12. 그는 키가 크다.	12. 그녀는 키가 크다.
13. 너는 한가하다.	13. 그는 한가하다.	13. 그녀는 한가하다.
14. 너는 춥다.	14. 그는 춥다.	14. 그녀는 춥다.
15. 너는 덥다.	15. 그는 덥다.	15. 그녀는 덥다.
16. 너는 강하다.	16. 그는 강하다.	16. 그녀는 강하다.
17. 너는 늦는다.	17. 그는 늦는다.	17. 그녀는 늦는다.
18. 너는 똑똑하다.	18. 그는 똑똑하다.	18. 그녀는 똑똑하다.

영어회화의 정석

19. 너는 귀엽다.
20. 너는 게으르다.
21. 너는 좋은 학생이다.
22. 너의 핸드폰은 새 거다.
23. 너의 집은 크다.
24. 너의 엄마는 간호사다.
25. 너의 아버지는 의사다.

19. 그는 귀엽다.
20. 그는 게으르다.
21. 그는 좋은 학생이다.
22. 그의 핸드폰은 새 거다.
23. 그의 집은 크다.
24. 그의 엄마는 간호사다.
25. 그의 아버지는 의사다.

19. 그녀는 귀엽다.
20. 그녀는 게으르다.
21. 그녀는 좋은 학생이다.
22. 그녀의 핸드폰은 새 거다.
23. 그녀의 집은 크다.
24. 그녀의 엄마는 간호사다.
25. 그녀의 아버지는 의사다.

02 | Be동사

✏️ Be동사 부정문 만들기

부정문을 만들 경우 Be동사 뒤에 not을 넣으면 됩니다. am not, is not, are not 등이 그것입니다. am not 은 줄여서 쓰지 않지만 is not 은 isn't, are not 은 aren't로 줄여 씁니다.

1. 나는 행복하지 않다.　　**I am not happy.**
2. 나는 슬프지 않다.　　　**I am not sad.**
3. 나는 배고프지 않다.　　**I am not hungry.**
4. 나는 배부르지 않다.　　**I am not full.**
5. 나는 피곤하지 않다.　　**I am not tired.**
6. 나는 외롭지 않다.　　　**I am not lonely.**
7. 나는 화나지 않는다.　　**I am not angry.**
8. 나는 아프지 않다.　　　**I am not sick.**
9. 나는 바쁘지 않다.　　　**I am not busy.**
10. 나는 괜찮지 않다.　　 **I am not OK.**
11. 나는 키가 크지 않다.　**I am not tall.**
12. 나는 한가하지 않다.　 **I am not free.**
13. 나는 춥지 않다.　　　 **I am not cold.**
14. 나는 덥지 않다.　　　 **I am not hot.**
15. 나는 강하지 않다.　　 **I am not strong.**
16. 나는 늦지 않다.　　　 **I am not late.**
17. 나는 똑똑하지 않다.　 **I am not smart.**

18. 나는 귀엽지 않다.	**I am not cute.**
19. 나는 게으르지 않다.	**I am not lazy.**
20. 나는 미안하지 않다.	**I am not sorry.**
21. 나는 좋은 학생이 아니다.	**I am not a good student.**
22. 나의 핸드폰은 새 것이 아니다.	**My cell phone is not new.**
23. 나의 집은 크지 않다.	**My house is not big.**
24. 나의 차는 빠르지 않다.	**My car is not fast.**
25. 나의 개는 시끄럽지 않다.	**My dog is not noisy.**
26. 나의 가방은 무겁지 않다.	**My bag is not heavy.**
27. 나의 고양이는 뚱뚱하지 않다.	**My cat is not fat.**
28. 나의 엄마는 간호사가 아니다.	**My mother is not a nurse.**
29. 나의 아버지는 의사가 아니다.	**My father is not a doctor.**

02 Be동사

주어를 바꿔 보세요. 2인칭 You, 3인칭 He, She로 바꾸어 말해 보세요.
'너의' 는 your, '그의' 는 his, '그녀의' 는 her이고 그 뒤의 명사로 새로운 주어들을 활용하세요.

1. 너는 행복하지 않다.	1. 그는 행복하지 않다.	1. 그녀는 행복하지 않다.
2. 너는 슬프지 않다.	2. 그는 슬프지 않다.	2. 그녀는 슬프지 않다.
3. 너는 배고프지 않다.	3. 그는 배고프지 않다.	3. 그녀는 배고프지 않다.
4. 너는 배부르지 않다.	4. 그는 배부르지 않다.	4. 그녀는 배부르지 않다.
5. 너는 외롭지 않다.	5. 그는 외롭지 않다.	5. 그녀는 외롭지 않다.
6. 너는 졸리지 않다.	6. 그는 졸리지 않다.	6. 그녀는 졸리지 않다.
7. 너는 화나지 않는다.	7. 그는 화나지 않는다.	7. 그녀는 화나지 않는다.
8. 너는 아프지 않다.	8. 그는 아프지 않다.	8. 그녀는 아프지 않다.
9. 너는 바쁘지 않다.	9. 그는 바쁘지 않다.	9. 그녀는 바쁘지 않다.
10. 너는 괜찮지 않다.	10. 그는 괜찮지 않다.	10. 그녀는 괜찮지 않다.
11. 너는 키가 크지 않다.	11. 그는 키가 크지 않다.	11. 그녀는 키가 크지 않다.
12. 너는 한가하지 않다.	12. 그는 한가하지 않다.	12. 그녀는 한가하지 않다.
13. 너는 춥지 않다.	13. 그는 춥지 않다.	13. 그녀는 춥지 않다.
14. 너는 덥지 않다.	14. 그는 덥지 않다.	14. 그녀는 덥지 않다.
15. 너는 강하지 않다.	15. 그는 강하지 않다.	15. 그녀는 강하지 않다.
16. 너는 늦지 않다.	16. 그는 늦지 않다.	16. 그녀는 늦지 않다.
17. 너는 똑똑하지 않다.	17. 그는 똑똑하지 않다.	17. 그녀는 똑똑하지 않다.

18. 너는 귀엽지 않다.	18. 그는 귀엽지 않다.	18. 그녀는 귀엽지 않다.
19. 너는 게으르지 않다.	19. 그는 게으르지 않다.	19. 그녀는 게으르지 않다.
20. 너는 미안하지 않다.	20. 그는 미안하지 않다.	20. 그녀는 미안하지 않다.
21. 너는 좋은 학생이 아니다.	21. 그는 좋은 학생이 아니다.	21. 그녀는 좋은 학생이 아니다.
22. 너의 핸드폰은 새 것이 아니다.	22. 그의 핸드폰은 새 것이 아니다.	22. 그녀의 핸드폰은 새 것이 아니다.
23. 너의 집은 크지 않다.	23. 그의 집은 크지 않다.	23. 그녀의 집은 크지 않다.
24. 너의 차는 빠르지 않다.	24. 그의 차는 빠르지 않다.	24. 그녀의 차는 빠르지 않다.
25. 너의 개는 시끄럽지 않다.	25. 그의 개는 시끄럽지 않다.	25. 그녀의 개는 시끄럽지 않다.
26. 너의 가방은 무겁지 않다.	26. 그의 가방은 무겁지 않다.	26. 그녀의 가방은 무겁지 않다.
27. 너의 고양이는 뚱뚱하지 않다.	27. 그의 고양이는 뚱뚱하지 않다.	27. 그녀의 고양이는 뚱뚱하지 않다.
28. 너의 엄마는 간호사가 아니다.	28. 그의 엄마는 간호사가 아니다.	28. 그녀의 엄마는 간호사가 아니다.
29. 너의 아버지는 의사가 아니다.	29. 그의 아버지는 의사가 아니다.	29. 그녀의 아버지는 의사가 아니다.

02 | Be동사

✏️ Be동사 의문문 만들기

앞에서 연습한 평서문을 이번에는 의문문으로 바꾸는 연습을 하겠습니다. 답만 하고 살 수는 없겠죠? 때로는 먼저 질문도 할 수 있어야 되겠습니다. Be동사 의문문은 Be동사가 주어 앞으로 나오면 됩니다. '이다 / 있다 / 되다'에서 '이니? / 있니? / 되니?'라는 뜻의 질문형으로 바뀌게 됩니다.

○ I am happy.를 의문문으로 만들면 Am I happy?가 되겠죠?
  주어와 형용사를 바꾸는 연습을 꾸준히 하십시오.

Are you happy?	너는 행복하니?
Is your father happy?	너의 아버지는 행복하니?
Are your children happy?	너의 자녀들은 행복하니?
Are you lonely?	너는 외롭니?
Are you sad?	너는 슬프니?

하나의 문장을 완벽하게 익히고 그것을 응용하는 연습을 꾸준히 한다면 영어 회화 정복은 그렇게 어렵지 않습니다.

1. 나는 행복하니?	**Am I happy?**
2. 나는 슬프니?	**Am I sad?**
3. 나는 배고프니?	**Am I hungry?**
4. 나는 배부르니?	**Am I full?**
5. 나는 피곤하니?	**Am I tired?**
6. 나는 외롭니?	**Am I lonely?**
7. 나는 졸리니?	**Am I sleepy?**
8. 나는 화났니?	**Am I angry?**
9. 나는 아프니?	**Am I sick?**
10. 나는 바쁘니?	**Am I busy?**
11. 나는 괜찮니?	**Am I OK?**
12. 나는 키가 크니?	**Am I tall?**
13. 나는 한가하니?	**Am I free?**
14. 나는 춥니?	**Am I cold?**
15. 나는 덥니?	**Am I hot?**
16. 나는 강하니?	**Am I strong?**
17. 나는 늦니?	**Am I late?**
18. 나는 똑똑하니?	**Am I smart?**
19. 나는 귀엽니?	**Am I cute?**
20. 나는 게으르니?	**Am I lazy?**

02 Be동사

21. 나는 미안하니?	Am I sorry?
22. 나는 좋은 학생이니?	Am I a good student?
23. 나의 핸드폰은 새 거니?	Is my cell phone new?
24. 나의 집은 크니?	Is my house big?
25. 나의 차는 빠르니?	Is my car fast?
26. 나의 개는 시끄럽니?	Is my dog noisy?
27. 나의 가방은 무겁니?	Is my bag heavy?
28. 나의 고양이는 뚱뚱하니?	Is my cat fat?
29. 나의 엄마는 간호사니?	Is my mother a nurse?
30. 나의 아버지는 의사니?	Is my father a doctor?

주어를 바꿔 보세요. 2인칭 You, 3인칭 He, She로 바꾸어 말해 보세요.
'너의'는 your, '그의'는 his, '그녀의'는 her이고, 그 뒤의 명사가 주어가 됩니다.

1. 너는 행복하니?	1. 그는 행복하니?	1. 그녀는 행복하니?
2. 너는 슬프니?	2. 그는 슬프니?	2. 그녀는 슬프니?
3. 너는 배고프니?	3. 그는 배고프니?	3. 그녀는 배고프니?
4. 너는 배부르니?	4. 그는 배부르니?	4. 그녀는 배부르니?
5. 너는 피곤하니?	5. 그는 피곤하니?	5. 그녀는 피곤하니?
6. 너는 외롭니?	6. 그는 외롭니?	6. 그녀는 외롭니?
7. 너는 졸리니?	7. 그는 졸리니?	7. 그녀는 졸리니?
8. 너는 화났니?	8. 그는 화났니?	8. 그녀는 화났니?
9. 너는 아프니?	9. 그는 아프니?	9. 그녀는 아프니?
10. 너는 바쁘니?	10. 그는 바쁘니?	10. 그녀는 바쁘니?
11. 너는 괜찮니?	11. 그는 괜찮니?	11. 그녀는 괜찮니?
12. 너는 키가 크니?	12. 그는 키가 크니?	12. 그녀는 키가 크니?
13. 너는 한가하니?	13. 그는 한가하니?	13. 그녀는 한가하니?
14. 너는 춥니?	14. 그는 춥니?	14. 그녀는 춥니?
15. 너는 덥니?	15. 그는 덥니?	15. 그녀는 덥니?
16. 너는 강하니?	16. 그는 강하니?	16. 그녀는 강하니?
17. 너는 늦니?	17. 그는 늦니?	17. 그녀는 늦니?
18. 너는 똑똑하니?	18. 그는 똑똑하니?	18. 그녀는 똑똑하니?
19. 너는 귀엽니?	19. 그는 귀엽니?	19. 그녀는 귀엽니?
20. 너는 게으르니?	20. 그는 게으르니?	20. 그녀는 게으르니?
21. 너는 좋은 학생이니?	21. 그는 좋은 학생이니?	21. 그녀는 좋은 학생이니?
22. 너의 핸드폰은 새 거니?	22. 그의 핸드폰은 새 거니?	22. 그녀의 핸드폰은 새 거니?
23. 너의 집은 크니?	23. 그의 집은 크니?	23. 그녀의 집은 크니?
24. 너의 엄마는 간호사니?	24. 그의 엄마는 간호사니?	24. 그녀의 엄마는 간호사니?
25. 너의 아버지는 의사니?	25. 그의 아버지는 의사니?	25. 그녀의 아버지는 의사니?

02. Be동사

02 Be동사

심화 학습

주어 바꿔 활용하기

형용사들 앞에 다양한 주어를 넣어서 새로운 문장을 만들어 보세요.

 I am happy. 나는 행복하다.

 직접 만들어 보기

1. 나의 가족은 행복하다.	My family is happy.
2. 내 친구는 행복하다.	My friend is happy.
3. 내 개는 행복하다.	My dog is happy.
4. 내 엄마는 행복하다.	My mom is happy.
5. 우리는 행복하다.	We are happy.
6. 그들은 행복하다.	They are happy.
7. 그녀는 행복하다.	She is happy.
8. 내 선생님은 행복하다.	My teacher is happy.
9. 나의 아이들은 행복하다.	My kids are happy.
10. 사람들은 행복하다.	People are happy.
11. 동물들은 행복하다.	Animals are happy.
12. 내 부모님은 행복하다.	My parents are happy.

I am hungry. 나는 배고프다.

직접 만들어 보기

1. 그는 배고프다.
2. 고양이들은 배고프다.
3. 학생들은 배고프다.
4. 아이들은 배고프다.
5. 손님들은 배고프다.
6. 내 삼촌은 배고프다.
7. 내 여자친구는 배고프다.
8. 내 남동생(여동생)은 배고프다.
9. 그 아기는 배고프다.

- He is hungry.
- Cats are hungry.
- Students are hungry.
- Children are hungry.
- Guests are hungry.
- My uncle is hungry.
- My girlfriend is hungry.
- My brother(sister) is hungry.
- The baby is hungry.

02 | Be동사

sad, tired, lonely 등의 형용사들 앞에 주어들을 넣어 연습해 보세요.

 I am tall.   나는 키가 크다.

직접 만들어 보기

1. 그녀는 키가 크다.
2. 나무들은 키가 크다.
3. 그 새는 키가 크다.
4. 내 아들은 키가 크다.
5. 내 딸은 키가 크다.
6. 그 건물은 높다.
7. 그 자전거는 높다.
8. 내 상사는 키가 크다.

- She is tall.
- Trees are tall.
- The bird is tall.
- My son is tall.
- My daughter is tall.
- The building is tall.
- The bike is tall.
- My boss is tall.

물론 부정문(not)과 의문문으로 바꾸는 것도 연습해 보세요.

어렵나요? 어렵다고 느껴진다면 더욱 철저히 복습을 하셔야 합니다.
이 문장들이 편안하게 느껴질 때까지 연습하고 나면 영어 전문가에 한발 가까워진 것입니다. Go for it!

형용사들 앞에 다양한 주어를 넣어서 새로운 문장 만들기입니다.
다른 주어들과 형용사들을 마구마구 짝지어서 만들어 보세요.
단, 주어에 따라 Be동사가 달라진다는 점을 명심하고 Be동사를 활용하세요.

주어

I
You
She
He
We
They
My family
My father
My mother
My parents
My kids
My children
Men
Women
People
A baby

형용사

happy
sad
hungry
full
tired
lonely
tall
short
big
small
heavy
rich
poor
sleepy
angry

02 | Be동사

Dogs	sick
Cats	busy
Animals	free
Life	cold
Friends	late
Students	warm
Teachers	cute
My wife	lazy
My husband	fat
My brother	slim
My sister	pretty
My neighbors	shy
My co-workers	talkative
Korean	quiet
Guests	noisy
A police officer	sorry
A doctor	kind
A nurse	funny
A singer	young
A dancer	old
A reader	pretty
A writer	

중간에 Be동사를 넣어 짝을 지어 문장을 만들어 보세요.
우리말로 말이 되는 것만 자연스러운 문장이 됩니다.
우리말로 말이 되지 않는 것은 영어로도 말이 되지 않습니다.

02 | Be동사

✏️ 유용한 응용 문장

Be동사가 들어가는 다양하고 실용적인 문장들을 말해 봅시다.

평서문

I am happy.의 응용 문장

아주 간단해 보이지만 아주 유용하게 쓰이는 강력한 문장들입니다.

나는 너랑 행복해.	**I am happy with you.**
나는 이것에 만족해.	**I am happy with this.**
나는 내 직장에 만족해.	**I am happy with my job.**
나는 내 인생에 만족해.	**I am happy with my life.**
나는 내 차에 만족해.	**I am happy with my car.**

의문문

Are you happy?의 응용 문장

너 나랑 행복해?

너는 이것에 만족해?

너는 네 직장에 만족해?

너는 네 인생에 만족해?

너는 네 차에 만족해?

칭찬하세요. 칭찬은 여러분을 빛나게 해줍니다.

평서문 | **의문문**

평서문		의문문
너는 아름답다.	**You are beautiful.**	너는 아름답니?
너는 잘생겼다.	**You are handsome.**	너는 잘생겼니?
너는 귀엽다.	**You are cute.**	너는 귀엽니?
너는 친절하다.	**You are kind.**	너는 친절하니?
너는 굉장해!	**You are great!**	너는 굉장하니?
너는 사랑스럽다.	**You are lovely.**	너는 사랑스럽니?
나는 외로워.	**I am lonely.**	너 외롭니?
나는 짜증나.	**I am annoyed.**	너 짜증나?
나는 우울해.	**I am gloomy.**	너 우울해?
나는 화났어.	**I am angry.**	너 화났어?
나는 속상해.	**I am upset.**	너 속상해?
나는 겁나.	**I am scared.**	너 겁나?
나는 두려워.	**I am afraid.**	너 두려워?
나는 놀랐어.	**I am surprised.**	너 놀랐니?

02. Be동사

02 | Be동사

✎ 실전 상황 응용 문장

여자에게 소개팅이 들어왔습니다. 주선인에게 그 남자에 대해 물어봐야겠죠. 평서문에서 힌트를 얻으세요.

의문문	평서문	
그는 부자야?	그는 부자다.	He is rich.
그는 잘생겼어?	그는 잘생겼다.	He is handsome.
그는 키가 크니?	그는 키가 크다.	He is tall.
그는 다정해?	그는 다정하다.	He is friendly.
그는 젊어?	그는 젊다.	He is young.
그는 재미있어?	그는 재미있다.	He is humorous.
그는 낭만적이야?	그는 낭만적이다.	He is romantic.
그는 똑똑해?	그는 똑똑하다.	He is smart.
그는 의사야?	그는 의사다.	He is a doctor.
그는 변호사야?	그는 변호사이다.	He is a lawyer.
그의 차는 비싸니?	그의 차는 비싸다.	His car is expensive.
그의 집은 크니?	그의 집은 크다.	His house is big.

남자에게 소개팅이 들어왔을 때 주선인에게 반드시 물어야 할 질문들입니다. 평서문에서 힌트를 얻으세요.

의문문 | 평서문

의문문	평서문	
그 여자 예뻐?	그 여자는 예쁘다.	She is pretty.
그 여자 아름답니?	그 여자는 아름답다.	She is beautiful.
그 여자 키 커?	그 여자는 키가 크다.	She is tall.
그 여자 섹시해?	그 여자는 섹시하다.	She is sexy.
그 여자 매력적이야?	그 여자는 매력적이다.	She is glamorous.
그 여자 귀여워?	그 여자는 귀엽다.	She is cute.
그 여자 젊어?	그 여자는 젊다.	She is young.
그 여자 날씬해?	그 여자는 날씬하다.	She is slim.
그 여자 부자야?	그 여자는 부자다.	She is rich.
그 여자 똑똑해?	그 여자는 똑똑하다.	She is smart.

위의 문장들의 경우 부정문을 연습하는 것도 잊지 마세요. 한 문장을 배웠을 경우 그 문장을 의문문으로 그리고 부정문으로 끊임없이 만드는 연습을 하세요. 그래야 실제 상황에서 실수하지 않습니다.

02. Be동사

02 Be동사

It을 사용한 문장들

It을 주어로 사용한 문장에 다른 주어들을 넣어 보세요.

어렵다	It's difficult.
영어는 어려워요.	English is difficult.
영어는 어렵지 않아요.	English is not difficult.
영어가 어려운가요?	Is English difficult?
수학은 어려워요.	Math is difficult.
요리는 어려워요.	Cooking is difficult.
말하는 것은 어려워요.	Speaking is difficult.
인생은 어려워요.	Life is difficult.

비싸다	It's expensive.
금은 비싸요.	Gold is expensive.
채소는 비싸죠.	Vegetables are expensive.
책들은 비싸죠.	Books are expensive.
집들은 비싸죠.	Houses are expensive.
차들은 비싸죠.	Cars are expensive.
모든 게 비싸죠.	Everything is expensive.
그 가방은 비싸다.	The bag is expensive.
내 휴대폰은 비싸지 않다.	My cell phone is not expensive.

영어회화의 정석

중요하다 — It's important.

우리 가족은 중요하죠.	My family is important.
내 친구들은 중요합니다.	My friends are important.
음악은 중요하죠.	Music is important.
영어는 중요하죠.	English is important.
건강은 중요합니다.	Health is important.
아침식사는 매우 중요하죠.	Breakfast is very important.
공부는 매우 중요하죠.	Studying is very important.
시험은 매우 중요하죠.	The test is very important.
(커피 중독자에게는) 커피가 매우 중요합니다.	Coffee is very important.
모든 게 중요하다.	Everything is important.
돈은 중요하죠.	Money is important.
사랑은 중요하죠.	Love is important.
생명은 중요하죠.	Life is important.

신난다 — It's exciting.

축구는 신나요.	Soccer is exciting.
그 영화는 신나요.	The movie is exciting.
그 컴퓨터 게임은 신나요.	The computer game is exciting.
그 뉴스는 신나요.	The news is exciting.
삶이 신나죠.	Life is exciting.

02 Be동사

자, 상태를 나타내는 형용사들을 가지고 더 집중적인 문장들을 만들어 봅시다. 게으른 것은 생물이 되겠죠. 그래서 주어를 사람이나 생물로 해야 합니다.

게으르다	It's lazy.
아빠는 게을러.	My dad is lazy.
내 개는 정말 게을러.	My dog is really lazy.
나는 게으르지 않아요.	I am not lazy.
내 친구들은 게을러요.	My friends are lazy.

지루하다	It's boring.
영어는 지루해.	English is boring.
그 책은 지루해.	The book is boring.
그 영화는 지루해.	The movie is boring.
공부는 지루해.	Studying is boring.
내 일은 지루해.	My job is boring.

하루에 몇 분, 몇 번씩이라도 영어로 말해 보세요.
영어는 영어식으로 자주 생각하려고 노력할 때 실력이 늡니다. 하루에 몇 분, 몇 번이라도 영어를 생각하고 일상생활에서 표현하고자 하는 내용들을 혼자서라도 영어로 말해 보세요.

주어를 It으로 해서 쉽게 만들 수 있는 표현들

방이 깨끗하다면	It's clean.
방이 더럽다면	It's dirty.
방이 어둡다면	It's dark.
방이 포근하다면	It's cozy.
화장실이 역겹다면	It's gross. / It's disgusting.
냄새가 난다면	It's stinky.
주위가 시끄러우면	It's noisy.
주위가 복잡하면	It's crowded.
주위가 쌀쌀하면	It's chilly.
하루가 좋았다면	It was a good day.
하루가 나빴다면	It was a bad day. / It was a long day.
숙제나 일이 많다면	It's too much.
숙제나 일이 어려우면	It's too hard. / It's too difficult.
숙제나 일이 쉬우면	It's a piece of cake.
만사가 OK	It's perfect. / Everything is fine.
만사가 최악	It's terrible.

절대 어렵지 않으니 계속 노력해 보세요.
어느새 여러분의 실력이 왕창 왕창 늘어나 있을 것입니다.

02. Be동사

02 | Be동사

✎ It을 사용한 보다 다양하고 실용적인 문장 연습

상황에 따라 It은 전혀 해석이 안 되거나 앞의 말을 그대로 받아 '그것은'으로 해석될 수 있습니다.

평서문		의문문	
비싸다.	It's expensive.	비싸니?	
어렵다.	It's difficult.	어렵니?	
편안하다.	It's comfortable.	편안하니?	
유용하다.	It's useful.	유용하니?	
중요하다.	It's important.	중요하니?	
짜다.	It's salty.	짜니?	
달다.	It's sweet.	다니?	
맵다.	It's hot and spicy.	맵니?	
맛있다.	It's delicious.	맛있니?	
멀다.	It's far.	머니?	
지루하다.	It's boring.	지루하니?	
신난다.	It's exciting.	신나니?	
흥미롭다.	It's interesting.	흥미롭니?	
비가 온다.	It's rainy.	비 오니?	
눈이 온다.	It's snowy.	눈 오니?	
바람이 분다.	It's windy.	바람 부니?	
화창하다.	It's sunny.	화창하니?	

영어회화의 정석

구름이 꼈다.	It's cloudy.	구름 꼈니?	
춥다.	It's cold.	춥니?	
덥다.	It's hot.	덥니?	
따뜻하다.	It's warm.	따뜻하니?	
간단하다.	It's simple.	간단하니?	
복잡하다.	It's complicated.	복잡하니?	
다르다.	It's different.	다르니?	
사실이다.	It's true.	사실이니?	
공평하다.	It's fair.	공평하니?	
내 문제야.	It's my problem.	내 문제니?	
꼭 필요하다.	It's necessary.	꼭 필요해?	

위의 문장들의 경우 부정문도 연습하는 것을 잊지 마세요. 부정문 또한 아주 빈번하게 사용되고 있습니다.

그건 그리 간단한 문제가 아냐.
It's not that simple.

그건 사실이 아냐.
It's not true.

그건 공평하지가 않다.
It's not fair.

내 문제가 아냐.
It's not my problem.

02. Be동사

02 | Be동사

✏️ 기타 유용한 표현들

이건 믿기지가 않아.(터무니없는 상황일 때)	This is unbelievable.
이건 미친 짓이다.	This is insane. / This is crazy.
이건 비밀이야.	This is a secret.
이거 훌륭한데.	This is wonderful.
이거 너무해.	This is too much.
그거 안됐군.	That is too bad.
좋은 생각인데.	It's a good idea.
나는 고통 속에 있다.(I am in ~ 표현들)	I am in pain.
나는 바쁘다.	I am in a hurry.
나는 문제가 있다.	I am in trouble.
나는 위험에 빠졌다.	I am in danger.
나는 사랑에 빠졌다.	I am in love.
나는 심각하다.(진짜다)	I am serious.
나는 깨어 있다.	I am awake.

기타 유용한 표현들을 의문문과 부정문으로 만들어 보세요.
평서문에서 힌트를 얻으세요.

문장 맘대로 바꿔 보기

형용사들 앞에 다양한 주어를 넣어서 새로운 문장 만들기입니다.
다른 주어들과 형용사들을 마구 마구 짝지어서 만들어 보세요.
단, 주어에 따라 Be동사가 달라진다는 점을 명심하고 Be동사를 활용하세요.

주어	형용사
the car	expensive
English	difficult
math	comfortable
computers	useful
apartments	useless
homework	important
cooking	salty
studying	sweet
coffee	hot and spicy
the movie	delicious
school	far
sports	boring
TV shows	exciting
my room	interesting
my house	cold
the test	hot
a cell phone	warm

02 Be동사

주어	형용사
the food	simple
the store	complicated
the restaurant	different
fruit	necessary
vegetables	hard
animals	soft
life	safe
friends	easy
books	dangerous
money	safe

우리말로 말이 되는 것만 자연스러운 문장이 됩니다.
우리말로 말이 되지 않는 것은 영어로도 말이 되지 않습니다.

최종 연습

쉽다고 느낄 때 완벽하게 자신의 것으로 소화하세요. 거듭 강조하지만 쉽기에 가장 유용하게 사용되는 어구들이 Be동사 어구들입니다.

Expensive 활용

1. 내 차는 비싸다.

2. 네 컴퓨터는 비싸니?

3. 내 가방은 비싸지 않다.

4. 네 핸드폰은 비싸?

5. 나의 책들은 비싸지 않다.

Difficult 활용

6. 영어는 어렵니?

7. 이 시험은 어렵지 않다.

8. 네 숙제는 어렵니?

9. 그의 책들은 어렵니?

10. 이 영화는 어렵지 않아.

기타

11. 너는 배부르니?

12. 나는 아프지 않다.

13. 그녀는 행복하니?

02 Be동사

14. 네 방은 깨끗하니?

15. 이 아이스크림은 맛있다.

16. 너의 아버지는 바쁘니?

17. 나는 지겹지 않아.

18. 그녀는 피곤하지 않아.

19. 너 졸리니?

20. 이 가방은 무겁지 않다.

21. 내 자전거는 빨간색이야.

22. 이 나무는 키가 크다.

23. 이 개는 위험하지 않다.

24. 여름은 덥다.

25. 축구는 신난다.

26. 네 숙제는 쉽니?

27. 이 책들은 무겁다.

28. 너는 학생이니?

29. 나는 목마르지 않다.

30. 이 방은 어두워.

31. 춥다.

32. 이 집은 조용하다.

33. 이 가게는 시끄럽다.

34. 이 식당은 더럽지 않다.

35. 그거 맛있니?

36. 이 연필들은 유용하다.

37. 내 피부는 부드럽지 않다.

38. 네 차는 빠르니?

39. 내 컴퓨터는 느리다.

40. 네 핸드폰은 새거니?

41. 이 자전거는 고장 났다.

42. 저 나무는 오래되었다.

43. 이 과일은 신선하다.

44. 수학은 어렵지 않다.

45. 날씨가 화창하다.

46. 인생은 복잡하지 않다.

47. 인생은 단순하다.

48. 나의 일은 중요하다.

49. 그 아이들은 배고프다.

50. 모든 게 괜찮다.

51. 우리는 춥니?

52. 그는 부자니?

53. 그녀는 유명하니?

54. 그녀의 머리는 부드럽니?

55. 너의 피부는 하얗니?

02 Be동사

56. 그것은 고통스럽니?

57. 너희들 목마르니?

58. 그것은 싸니?

59. 이 시험은 어렵니?

60. 이 문제는 쉽니?

61. 너의 동생은 키가 작니?

62. 너의 엄마는 날씬하니?

63. 너의 차는 새거니?

64. 그 방은 어둡니?

65. 이것은 고장 났니?

66. 이 컴퓨터는 시끄럽니?

67. 네 동생은 조용하니?

68. 그녀는 수줍어하니?

69. 너의 아버지는 상냥하니?

70. 너의 이모는 결혼했니?

71. 너의 부모님들은 선생님이시니?

72. 이 책은 재미있니?

73. 너의 TV는 작니?

74. 너의 학교는 크니?

75. 너의 신생님은 예쁘니?

76. 이 사탕은 다니?

 쉬어가기

영어 공부에 대해 부정적인 마음보다 자부심 같은 긍정적인 마음을 가지세요.

예전에 캘리포니아에서 어학 연수를 받던 시절 저의 담임이었던 글로리아 선생님께서 자신이 겪은 에피소드를 저희에게 들려 주신 적이 있었습니다.

그 당시 대학교 기숙사에는 어학 연수생들과 미국 대학생들이 뒤섞여 살고 있었는데 일본 어학 연수생들이 살던 방에 미국 대학생 두 명이 공구를 빌리러 왔다고 합니다. 그런데 일본 학생 두 명이 영어를 잘하지 못하는 관계로 미국 학생들이 손짓 발짓을 하며 온갖 제스처를 동원해 가까스로 공구를 빌릴 수 있었다고 합니다. 학교 야외 식당에서 그 두 명의 미국 학생들이 다른 친구들에게 둘러싸여 그 에피소드를 얘기하는 가운데에 박장대소가 터졌답니다. 영어가 서툰 일본 어학 연수생들을 우스꽝스럽게 흉내 냈기 때문이었죠.

그때 글로리아 선생님이 한마디 끼어들었답니다. "비록 그 유학생들은 영어에 유창하지 않아도 몇 마디의 영어를 사용할 줄 알고 영어를 배우려는 열정과 틀려도 시도해 보려는 용기를 가지고 있는데 너희들 중에 일본어나, 중국어나, 한국어를 조금이라도 말할 줄 아는 자가 있느냐?"라고 말했답니다. 그 자리의 학생들이 잠시 멍하니 있었을 때 다시 글로리아 선생님이 한마디 덧붙였습니다.

"그 애들은 유창하지 않아도 두 가지 언어를 하는 지식인들인데 어떻게 바보라고 놀리는가? 결국은 그들을 바보라고 놀리는 너희들이 영어 하나밖에 모르는 바보가 아니냐?" 그렇게 마지막 펀치를 날리셨답니다.

이 얘기의 교훈인 즉 영어를 배우기 시작하는 순간부터 여러분은 이미 두 개의 언어(모국어와 영어)를 말할 줄 아는 지식인이라는 자부심을 가지고 편안하고 느긋하게 그리고 긍정적으로 영어를 공부하라는 것입니다. 영어는 정복하고 싸워야 할 대상이 아니라 함께 해 나갈 친구라고 생각하십시오.

67

Chapter 3
Do동사

Step 1 가볍게 읽기

Step 2 예제로 이해하기

    Do동사의 활용법 – 평서문

    Do동사의 활용법 – 부정문

    Do동사의 활용법 – 의문문

Step 3 Speak up!

    직접 말해 보기 – 평서문

    직접 말해 보기 – 부정문

    직접 말해 보기 – 의문문

    내 맘대로 만들어 보기 1

    내 맘대로 만들어 보기 2

    실제 상황 응용 문장 1

    실제 상황 응용 문장 2

    기타 동사들의 활용

Step 4 심화 학습

    무조건 말해 보기 – 평서문

    무조건 말해 보기 – 부정문

    무조건 말해 보기 – 의문문

03 | Do동사

가볍게 읽기

일반동사(Do동사)는 동작을 나타내는 품사로서 각각의 동사들은 고유 행위의 의미를 담고 있습니다. 예를 들어 read, go, study, make, tell, cook, ask, decide, eat, drink, dance 등은 '읽다, 가다, 공부하다, 만들다, 말하다, 요리하다, 묻다(또는 부탁하다), 부탁하다, 결정하다, 먹다, 마시다, 춤추다' 라는 주어의 행위를 규정합니다.

말을 할 때 주어 다음에 바로 튀어나오는 가장 흔하고 중요한 품사가 동사입니다. 앞에서 언급한 바와 같이 우리가 알고 있는 흔한 동사들에서부터 발음하기 어려운 동사까지 다양하고 수많은 동사들이 주어의 뒤에 나오므로 주어와 이 동사들의 뜻만 파악하더라도 그 문장의 반 이상을 이해했다고 자신 있게 말할 수 있습니다.

동사는 자동사와 타동사로 나누어져 있는데 자동사는 목적어, 즉 해당 동사를 수식하는 목적어가 필요 없고 주어와 동사 자체만으로 문장을 이루는 동사입니다. I go. / I run. / You cry. / She works. / It flies.

등은 주어와 동사만으로 완전한 의미를 이루는데, 이 문장에서 사용된 동사들은 뒤에 따로 목적어를 수반하지 않기 때문에 자동사라고 합니다.

더 상세하게 설명하자면 '나는 간다.'라는 I go. 문장은 이 자체로 부족한 것이 없습니다. 다만 '어디로 간다'라고 가는 장소를 덧붙이고자 할 때는 I go to Seoul. / I go to school. 식으로 하면 됩니다. 여기서 to Seoul, to school은 방향을 나타내는 보충어구 즉 부사구로서, 있으면 문장이 더 자세해지지만 없어도 문장 자체에 이상은 없습니다. 또다른 예를 들면 '나는 일한다.'는 I work.라고 하면 되고, '나는 Estar에서 일한다.'는 I work for Estar. 또는 I work at Estar.라고 합니다. 이때 for[at] Estar는 더 자세하게 표현해 주는 보충어구(부사구)이며, 없어도 내가 일한다는 뜻은 그대로 표현됩니다.

이와 반대로 타동사는 동사 뒤에 그 동작의 목적이 되는 목적어가 반드시 필요한 동사를 말합니다. 예를 들어 I eat. / I drink. / I see. / I study. / I read. / I like. / I love. 등의 문장들은 이 자체로는 불완전한데, 동사들의 뒤에 그 동작을 수식하는 대상인 목적어가 반드시 와야만 완벽한 문장이 됩니다.
'나는 먹는다.' 무엇을? '나는 마신다.' 무엇을?' '나는 본다. / 공부한다. / 읽는다. / 좋아한다. / 사랑한다.' 무엇을? 모두 그 뒤에 '무엇을?'에 해당하는 목적어를 넣어야 완벽한 문장이 됩니다. 이렇게 목적어가 반드시 필요한 동사들을 타동사라고 합니다.
예를 들어 I eat chocolate. / I drink coffee. / I see a dog. / I study English. / I like pizza. / I love you. 등이 타동사가 들어가는 문장입니다.
정리하자면, 일반동사는 자동사와 타동사가 있는데, 자동사는 목적어가 필요 없으며 상황에 따라 더 상세하게 표현하기 위해 뒤에 부사어구들이 올 수 있으며, 그 뒤에 목적어가 반드시 필요한 동사는 타동사라고 합니다.

일반적으로 대부분의 동사들은 자동사와 타동사로 모두 쓰일 수 있습니다. 하지만 그렇게 사용될 때 각각의 의미가 달라질 수 있습니다. 예를 들어 run의 경우 I run along the lake.라고 하면 '나는 호수를 따라 뛴다.'라는 자동사 '뛰다'의 의미가 있지만, I run a small coffee shop.이라고 하면 '나는 작은 커피숍을 운영한다.'는 뜻으로 '운영하다'라는 타동사가 되는 것이죠.
지금 당장 자동사 타동사 따로 익힐 필요는 없습니다. 회화에서는 그냥 그 뜻만 기억하시고 문법을 파괴(?)하며 마구마구 사용해 주세요. 회화에서 가장 중요한 것은 그 뜻이 통하는 게 가장 우선이니 위의 문법 내용은 가볍게 읽고 지나가시면 됩니다.

03 | Do동사

예제로 이해하기

✏️ Do동사의 활용법 – 평서문

다음에 나오는 쉬운 일반동사들을 가지고 평서문을 만드는 연습을 해봅시다.

Read 읽다

I read books.

You read books.

She reads books.

이제 목적어를 바꾸어 연습하세요.

I read (   ).

You read (   ).

My father reads (   ).

주어가 3인칭 단수 현재일 때 동사 뒤에 -s, -es를 붙입니다. 즉 she(그녀)는 나(1인칭)도 아니고 너(2인칭)도 아닌 제3자 한 명이므로 동사 read 뒤에 s를 붙여야만 합니다. '나의 아버지'도 나도 너도 아닌 제3자 한 명이므로 동사 뒤에 s가 붙습니다. 위의 문장 괄호 안에 다양한 목적어들을 넣어 다양한 문장을 만드는 연습을 해보세요.

영어회화의 정석

Eat 먹다

나는 쿠키를 먹는다. I eat cookies.

너는 쿠키를 먹는다. You eat cookies.

내 친구는 쿠키를 먹는다. My friend eats cookies.

Cook 요리하다

나는 스파게티를 요리한다. I cook spaghetti.

너는 스파게티를 요리한다. You cook spaghetti.

나의 엄마는 스파게티를 요리한다. My mom cooks spaghetti.

Watch 보다

나는 TV 만화를 본다. I watch TV cartoons.

너는 TV 만화를 본다. You watch TV cartoons.

나의 여동생은 TV 만화를 본다. My sister watches TV cartoons.

Go 가다

나는 학교에 간다. I go to school.

너는 학교에 간다. You go to school.

나의 남동생은 학교에 간다. My brother goes to school.

Study 공부하다

나는 영어를 공부한다. I study English.

너는 영어를 공부한다. You study English.

그녀는 영어를 공부한다. She studies English.

03 | Do동사

y로 끝나는 단어의 뒤에 무엇인가를 붙이려 할 때 y 앞에 철자가 자음인지 모음(a,e,i,o,u)인지 파악하는 것이 중요합니다. 자음이면 y를 i로 고치고 es를 붙이고 모음이면 그대로 s를 붙입니다.

play ➡ plays
study ➡ studies

Like 좋아하다

나는 스포츠를 좋아한다.	I like sports.
너는 스포츠를 좋아한다.	You like sports.
나의 선생님은 스포츠를 좋아한다.	My teacher likes sports.

Love 사랑하다

나는 너를 사랑한다.	I love you.
너는 나를 사랑한다.	You love me.
그녀는 그를 사랑한다.	She loves him.

Meet 만나다

나는 내 친구들을 만난다.	I meet my friends.
너는 네 친구들을 만난다.	You meet your friends.
나의 여자친구는 그녀의 친구들을 만난다.	My girlfriend meets her friends.

영어회화의 정석

✎ Do동사의 활용법 – 부정문

다음에 나오는 쉬운 일반동사들을 가지고 부정문을 만드는 연습을 해봅시다.

Read 읽다

I don't read books.

You don't read books.

She doesn't read books.

이제 목적어를 바꾸어 연습하세요.

I don't read (　　　　)

You don't read (　　　　)

My father doesn't read (　　　　　)

부정문은 그 동사를 하지 않는다는 뜻으로 주어 뒤 동사 앞에 don't를 넣거나 주어가 3인칭 단수 현재일 때는 doesn't를 넣습니다. 그리고 동사 뒤의 s는 사라지게 됩니다.
나의 아버지는 나도 너도 아닌 제3자 한 명입니다.

03 Do동사

다음의 문장 괄호 안에 다양한 목적어들을 넣어 다양한 문장을 만드는 연습을 해보세요.

Eat 먹다

나는 피자를 먹지 않는다.	I don't eat pizza.
너는 피자를 먹지 않는다.	You don't eat pizza.
나의 친구는 피자를 먹지 않는다.	My friend doesn't eat pizza.

Cook 요리하다

나는 요리를 하지 않는다.	I don't cook.
너는 요리를 하지 않는다.	You don't cook.
나의 엄마는 요리를 하지 않는다.	My mother doesn't cook.

Watch 보다

나는 뉴스를 보지 않는다.	I don't watch news.
너는 뉴스를 보지 않는다.	You don't watch news.
나의 여동생은 뉴스를 보지 않는다.	My sister doesn't watch news.

Go 가다

나는 학교에 가지 않는다.	I don't go to school.
너는 학교에 가지 않는다.	You don't go to school.
나의 남동생은 학교에 가지 않는다.	My brother doesn't go to school.

Study   공부하다

나는 영어를 공부하지 않는다.　　　　　I don't study English.

너는 영어를 공부하지 않는다.　　　　　You don't study English.

그녀는 영어를 공부하지 않는다.　　　　She doesn't study English.

Like   좋아하다

나는 스포츠를 좋아하지 않는다.　　　　I don't like sports.

너는 스포츠를 좋아하지 않는다　　　　You don't like sports.

나의 선생님은 스포츠를 좋아하지 않는다.　　My teacher doesn't like sports.

Love   사랑하다

나는 너를 사랑하지 않는다.　　　　　I don't love you.

너는 나를 사랑하지 않는다.　　　　　You don't love me.

그녀는 그를 사랑하지 않는다.　　　　She doesn't love him.

Meet   만나다

나는 나의 친구들을 만나지 않는다.　　　　I don't meet my friends.

너는 너의 친구들을 만나지 않는다.　　　　You don't meet your friends.

나의 여자친구는 그녀의 친구들을 만나지 않는다.　　My girlfriend doesn't meet her friends.

03 | Do동사

✎ Do동사의 활용법 – 의문문

다음에 나오는 쉬운 일반동사들을 가지고 의문문을 만드는 연습을 해봅시다.

Read 읽다

I read books.　　➡ Do I read books?

You read books.　➡ Do you read books?

She reads books.　➡ Does she read books?

일반동사 의문문은 주어 앞에 일반동사의 대표 단어인 Do를 사용하면 됩니다. 즉 주어S + 동사V 순서가 Do + S + V~으로 바뀝니다. 주어가 3인칭 단수 현재일 때, 즉 동사에 s형태가 붙는 문장일 때는 do 뒤에 es를 붙인 does가 쓰입니다.

You want.　　➡ Do you want?

She wants.　　➡ Does she want?

I eat.　　　　➡ Do I eat?

He eats.　　　➡ Does he eat?

목적어들을 바꾸어 다양한 문장을 만드는 연습을 해보세요.

Eat 먹다

나는 피자를 먹니?	Do I eat pizza?
너는 피자를 먹니?	Do you eat pizza?
너의 친구는 피자를 먹니?	Does your friend eat pizza?

Cook 요리하다

나는 요리를 하니? Do I cook?

너는 요리를 하니? Do you cook?

너의 엄마는 요리를 하니? Does your mom cook?

Watch 보다

나는 뉴스를 보니? Do I watch news?

너는 뉴스를 보니? Do you watch news?

너의 여동생은 뉴스를 보니? Does your sister watch news?

Go 가다

나는 학교에 가니? Do I go to school?

너는 학교에 가니? Do you go to school?

너의 남동생은 학교에 가니? Does your brother go to school?

Study 공부하다

나는 영어를 공부하니? Do I study English?

너는 영어를 공부하니? Do you study English?

그녀는 영어를 공부하니? Does she study English?

03 | Do동사

Like 좋아하다

나는 스포츠를 좋아하니?	Do I like sports?
너는 스포츠를 좋아하니?	Do you like sports?
너의 선생님은 스포츠를 좋아하니?	Does your teacher like sports?

Love 사랑하다

나는 너를 사랑하니?	Do I love you?
너는 나를 사랑하니?	Do you love me?
그녀는 그를 사랑하니?	Does she love him?

Meet 만나다

나는 나의 친구들을 만나니?	Do I meet my friends?
너는 너의 친구들을 만나니?	Do you meet your friends?
너의 여자친구는 그녀의 친구들을 만나니?	Does your girlfriend meet her friends?

Speak up!

✏️ 직접 말해 보기 – 평서문

아래의 문장들을 영어로 표현해 보세요.

주어가 3인칭 단수 현재일 때, 즉 주어가 나, 너가 포함되지 않은 제3자 또는 제3의 것일 때, 그리고 숫자가 하나이고 현재의 것을 나타낼 때 동사 끝에 s(또는 es)가 붙습니다.

주어가 3인칭으로 바뀔 때

You read. ➡ She reads.
I eat. ➡ My father eats.
They go. ➡ It goes.
We fly. ➡ The bird flies.

처음에 어려울 수도 있지만 기초적인 표현들이라 생각하시고 열심히 만들어 보세요. 그리고 눈으로 그냥 보지 마시고 입으로 자연스럽게 튀어 나올 때까지 연습하세요. 앞에서 연습한 Be동사 어구와 병행하여 쓰면 웬만한 질문에도 대답할 수 있는 수준이 됩니다.

1. 나는 신문을 읽는다.

2. 나는 아침을 먹는다.

3. 나는 커피를 마신다.

4. 나는 잔다.

5. 나는 노래를 한다.

6. 나는 웃는다.

7. 나는 조깅을 한다.

03 Do동사

8. 너는 온다.

9. 너는 친구를 만난다.

10. 너는 영어를 말한다.

11. 너는 차를 만든다.

12. 너는 차를 운전한다.

13. 너는 컴퓨터 게임을 한다.

14. 너는 돈을 준다.

15. 그는 축구를 한다.

16. 그는 기타를 연주한다.

17. 그는 운다.

18. 그는 꽃을 산다.

19. 그는 여행한다.

20. 그는 공부한다.

21. 그는 그녀를 아프게 한다.

22. 그녀는 공을 찬다.

23. 그녀는 쇼핑을 좋아한다.

24. 그녀는 커피를 만든다.

25. 그녀는 그림을 그린다.

26. 나의 부모님은 고양이를 기른다.

27. 그들은 연습한다.

28. 나의 친구는 숙제를 한다.

29. 너의 친구는 일한다.

30. 나의 부모님들은 안다.

31. 한 마리의 개가 뛴다.

32. 우리는 미소 짓는다.

영어회화의 정석

직접 말해 보기 – 부정문

아래의 문장들을 영어로 표현해 보세요.

일반동사 부정문에는 don't (do not)이 붙습니다. 주어가 3인칭 단수 현재일 때, 즉 주어가 나, 너가 포함되지 않은 제3자 또는 제3의 것일 때, 그리고 숫자가 하나이고 현재의 것을 나타낼 때 doesn't (does not)가 붙습니다.

예문

You read.	➡	You don't read.
I eat.	➡	I don't eat.
They go.	➡	They don't go.
We fly.	➡	We don't fly.

1. 나는 신문을 읽지 않는다.
2. 나는 아침을 먹지 않는다.
3. 나는 커피를 마시지 않는다.
4. 나는 자지 않는다.
5. 나는 노래를 하지 않는다.
6. 나는 웃지 않는다.
7. 나는 조깅을 하지 않는다.
8. 너는 오지 않는다.
9. 너는 친구를 만나지 않는다.
10. 너는 영어를 말하지 않는다.
11. 너는 차를 만들지 않는다.
12. 너는 차를 운전하지 않는다.
13. 너는 컴퓨터 게임을 하지 않는다.
14. 너는 돈을 주지 않는다.

03 Do동사

15. 그는 축구를 하지 않는다.

16. 그는 기타를 연주하지 않는다.

17. 그는 울지 않는다.

18. 그는 꽃을 사지 않는다.

19. 그는 여행하지 않는다.

20. 그는 공부하지 않는다.

21. 그는 그녀를 아프게 하지 않는다.

22. 그녀는 공을 차지 않는다.

23. 그녀는 쇼핑을 좋아하지 않는다.

24. 그녀는 커피를 만들지 않는다.

25. 그녀는 그림을 그리지 않는다.

26. 나의 부모님은 고양이를 기르지 않는다.

27. 그들은 연습하지 않는다.

28. 나의 친구는 숙제를 하지 않는다.

29. 너의 친구는 일하지 않는다.

30. 나의 부모님들은 알지 못한다.

31. 한 마리의 개가 뛰지 않는다.

32. 우리는 미소 짓지 않는다.

33. 한 마리의 새가 날지 않는다.

34. 그녀는 요리하지 않는다.

35. 한 마리의 고양이가 걷지 않는다.

틀려도 상관없으니 자신 있게 말하고 스스럼없이 틀리세요. 그것이 영어 정복의 비결입니다.

직접 말해 보기 – 의문문

아래의 문장들을 영어로 표현해 보세요.

일반동사 의문문은 주어 앞에 일반동사의 대표 단어인 Do를 넣어주면 됩니다. 즉 S(주어) + V(동사) 순서가 Do + S + V~으로 바뀝니다. 주어가 3인칭 단수 현재일 때(즉 동사에 s가 붙는 문장일 때) Do 끝에 es가 붙는 Does가 쓰입니다.

You want.	➡ Do you want?
She wants.	➡ Does she want?
I eat.	➡ Do I eat?
He eats.	➡ Does he eat?

1. 나는 신문을 읽니?
2. 나는 아침을 먹니?
3. 나는 커피를 마시니?
4. 나는 자니?
5. 나는 노래를 하니?
6. 나는 웃니?
7. 나는 조깅을 하니?
8. 너는 오니?
9. 너는 친구를 만나니?
10. 너는 영어를 말하니?
11. 너는 차를 만드니?
12. 너는 차를 운전하니?

03 Do동사

13. 너는 컴퓨터 게임을 하니?

14. 너는 돈을 주니?

15. 그는 축구를 하니?

16. 그는 기타를 연주하니?

17. 그는 우니?

18. 그는 꽃을 사니?

19. 그는 여행하니?

20. 그는 공부하니?

21. 그는 그녀를 아프게 하니?

22. 그녀는 공을 차니?

23. 그녀는 쇼핑을 좋아하니?

24. 그녀는 커피를 만드니?

25. 그녀는 그림을 그리니?

26. 나의 부모님은 고양이를 기르니?

27. 그들은 연습하니?

28. 나의 친구는 숙제를 하니?

29. 너의 친구는 일하니?

30. 나의 부모님들은 아니?

31. 한 마리의 개가 뛰니?

32. 우리는 미소 짓니?

33. 한 마리의 새가 나니?

34. 그녀는 요리를 하니?

35. 한 마리의 고양이가 걷니?

내 맘대로 만들어 보기 1

여러분이 좋아하는 것을 나열해 보세요. 동사는 like. 주어 I 다음에 일반동사 like를 무조건 내세우세요.

부정문으로 만들어 보세요. 주어 I 다음에 일반동사 like를 무조건 내세우고 부정 don't를 사이에 넣으세요.

의문문으로 만들어 보세요. 주어 you 다음에 일반동사 like를 무조건 내세우고 맨 앞에 Do를 넣으세요.

I like dogs.	I don't like dogs.	Do you like dogs?
I like pizza.		
I like you.		
I like fruit.		
I like money.		
I like pretty girls.		
I like big cars.		
I like big houses.		
I like my job.		

여러분이 좋아하는 것 열 개를 직접 말해 보세요.

여러분이 좋아하지 않는 것 열 개를 직접 말해 보세요.

상대방이 좋아하는 것 열 개를 직접 물어 보세요.

I like (   ).   I don't like (   ).   Do you like (   )?

03 | Do동사

여러분이 사랑하는 것을 나열해 보세요. 동사는 love.

| I love my family. | I don't love my family. | Do you love your family? |

I love my parents.

I love you.

I love coffee.

I love my life.

I love the world peace.

여러분이 사랑하는 것 열 개를 직접 말해 보세요.

I love (   ).   I don't love (   ).   Do you love (   )?

여러분이 원하는 것을 나열해 보세요. 동사는 want.

| I want money. | I don't want money. | Do you want money? |

I want a girlfriend.

I want you.

I want coffee.

I want a new bag.

I want a good job.

I want cookies.

여러분이 원하는 열 개를 직접 말해 보세요.

I want (   ).   I don't want (   ).   Do you want (   )?

목적어를 다양하게 넣어서 보다 많은 다양한 문장들을 만들어 보세요.
다음의 문장 괄호 안에 다양한 목적어들을 넣어 다양한 문장을 만드는 연습을 해보세요.

Drink 마시다

| I drink soju. | I don't drink soju. | Do you drink soju? |
| I drink (   ). | I don't drink (   ). | Do you drink (   )? |

Drink의 목적어로 우유, 막걸리, 주스 등등 원하는 목적어를 마구마구 넣어보세요.

Read 읽다

| I read history novels. | I don't read history novels. | Do you read history novels? |
| I read (   ). | I don't read (   ). | Do you read (   )? |

Read의 목적어로 newspapers, fantasy novels, love stories, poems, magazines, self help books 등등이 올 수 있습니다.

Play 연주하다

| I play the guitar. | I don't play the guitar. | Do you play the guitar? |
| I play (   ). | I don't play (   ). | Do you play (   )? |

악기 명 앞에 the를 붙이지만, 운동 명 앞엔 아무것도 붙이지 않습니다.
Play의 목적어로 computer games, board games, pokers 등이 올 수 있습니다.

03 | Do동사

✎ 내 맘대로 만들어 보기 2

다음의 문장 괄호 안에 다양한 목적어들을 넣어 다양한 문장을 만드는 연습을 해보세요.

Eat 먹다
I eat chocolate.
You eat (   ).
My friend eats (   ).

Cook 요리하다
I cook Job-chae.
You cook (   ).
My mother cooks (   ).

Watch 보다
I watch TV cartoons.
You watch (   ).
My sister watches (   ).

Go 가다
I go to school.
You go to (   ).
My brother goes to (   ).

Study 공부하다

I study English.
You study (   ).
She studies (   ).

Like 좋아하다

I like sports.
You like (   ).
My teacher likes (   ).

Love 사랑하다

I love you.
You love (   ).
She loves (   ).

Meet 만나다

I meet my friends.
You meet (   ).
My girlfriend meets (   ).

03 | Do동사

Go 가다

I go to school.　　　　I don't go to school.　　　　Do you go to school?
I go to work.　　　　　I don't go to work.　　　　　Do you go to work?
I go to (　　　).　　　I don't go to (　　　).　　　Do you go to (　　　)?

Go to 뒤에 Seoul, church 등 열 개 이상을 넣어서 연습해 보세요.

Buy 사다

I buy books.　　　　　I don't buy books.　　　　　Do you buy books?
I buy (　　　).　　　　I don't buy (　　　).　　　Do you buy (　　　)?

Buy의 목적어로 music CDs, movie DVDs, jewelry, luxury goods, water 등이 올 수 있습니다.

Make 만들다

I make breakfast.　　　I don't make breakfast.　　Do you make breakfast?
I make (　　　).　　　I don't make (　　　).　　Do you make (　　　)?

Make의 목적어로 음식명, 음료명 등 만들 수 있는 모든 것을 넣을 수 있습니다.

Have 가지다

I have a girlfriend.　　I don't have a girlfriend.　Do you have a girlfriend?
I have (　　　).　　　I don't have (　　　).　　Do you have (　　　)?

Have의 목적어로 수많은 명사들이 들어갈 수 있으니 계속 반복 연습하세요.

실제 상황 응용 문장 1

Have 가지다, 가지고 있다

평서문	부정문	의문문
나는 좋은 차를 가지고 있다. I have a good car.	나는 좋은 차를 가지고 있지 않다. I don't have a good car.	너는 좋은 차를 가지고 있니? Do you have a good car?
나는 여자친구가 있다. I have a girlfriend.		
나는 시간이 있다. I have time.		
나는 문제가 있다. I have a problem.		
나는 예약이 있다. I have a reservation.		
나는 약속이 있다. I have an appointment.		
나는 개가 있다. I have a dog.		
나는 돈이 있다. I have money.		

03 | Do동사

여러분이 가지고 있는 것(평서문)	가지고 있지 않는 것(부정문)	상대방이 가지고 있는 것(의문문)
I have (　　).	**I don't have (　　).**	**Do you have (　　).**
나는 이름을 가지고 있다.	나는 이름이 없다.	너는 이름이 있니?
나는 음식을 가지고 있다.	나는 음식이 없다.	너는 음식이 있니?
나는 물이 있다.	나는 물이 없다.	너는 물이 있니?
나는 질문이 있다.	나는 질문이 없다.	너는 질문이 있니?
나는 계획이 있다.	나는 계획이 없다.	너는 계획이 있니?
나는 미래가 있다.	나는 미래가 없다.	너는 미래가 있니?
나는 의심이 있다.	나는 의심이 없다.	너는 의심이 있니?
나는 집이 있다.	나는 집이 없다.	너는 집이 있니?
나는 직업이 있다.	나는 직업이 없다.	너는 직업이 있니?
나는 믿음이 있다.	나는 믿음이 없다.	너는 믿음이 있니?
나는 침대가 있다.	나는 침대가 없다.	너는 침대가 있니?
나는 재미가 있다.	나는 재미가 없다.	너는 재미가 있니?

Like 좋아하다

데이트나 대화를 할 때 아주 유용하게 사용되는 동사입니다. 데이트를 할 때 우리나라 사람들은 '무엇을 드실래요?'라고 의견을 묻지만 미국에서는 특정 음식을 제안합니다.

Do you like Korean food? (Italian food, Chinese food, Thai food 등)

Do you like pizza?

Do you like raw fish?

Do you like (   )?

여러분이 원하는 메뉴로 물어 보세요. 잘 모르는 이와 친해지기 위해서는 대화가 필요하죠. 말문을 열 때 Do you like~?가 아주 유용하게 사용됩니다.

의문문	부정문
Do you like movies?	I don't like movies.
Do you like sports?	
Do you like animals?	
Do you like cats?	
Do you like shopping?	
Do you like traveling?	
Do you like ( )?	

주제가 정해지면 그 주제로 더 깊게 대화를 이끌어 갈 수 있습니다.
Don't를 이용해 부정문을 만드는 연습을 하세요.

03 Do동사

Want 원하다

일상 생활에서 자신이 원하는 것을 요구할 때 유용합니다.

평서문	부정문
I want more money.	I don't want more money.
I want water.	
I want pizza.	
I want steak.	
I want cold beer.	
I want ( ).	

의문문에 사용하면 권유하는 문장이 됩니다. 여러분이 원하는 주제를 넣어서 말해 보세요.

Do you want more food?
Do you want cold beer?
Do you want breakfast?
Do you want money?
Do you want me?
Do you want something to drink?
Do you want something to eat?
Do you want more chocolate?
Do you want (   )?

여러분이 권유하려는 내용을 넣어 말해 보세요.

영어회화의 정석

✏️ 실제 상황 응용 문장 2

소개팅 시 상대방에게 물어보고 싶은 것을 Be동사 (Are you ~)가 아닌 Do동사로 묻기.

큰 집을 가지고 있나요?
Do you have a big house?

부모님과 함께 살아요?
Do you live with your parents?

봉급이 세나요?
Do you have a big paycheck?

대가족인가요?
Do you have a big family?

큰 차를 가지고 있나요?
Do you have a big car?

현금을 많이 가지고 있나요?
Do you have a lot of cash?

인생에 큰 계획을 가지고 있나요?
Do you have a big plan for your life?

여러분이 묻고 싶은 문장들을 자신 있게 만들어 보세요. 문법이 완벽하지 않고 서툴러도 의사소통이 충분히 될 수 있으니 자신 있게 주어와 동사를 한 쌍으로 만들어 보세요.

✏️ 기타 동사들의 활용

Believe 믿다

난 널 믿어.   I believe you.
난 널 믿지 않아.   I don't believe you.
넌 날 믿니?   Do you believe me?

03 Do동사

Trust 믿다, 신뢰하다

난 널 믿어.	I trust you.
난 널 믿지 않아.	( ).
넌 날 믿니?	( )?

Remember 기억하다

난 그거 기억난다.	I remember it.
난 그거 기억나지 않는다.	( ).
너 그거 기억나니?	( )?

Know 안다

난 널 안다.	I know you.
난 널 모른다.	( ).
너 나 아니?	( )?

Understand 이해하다

난 이것을 이해한다.	I understand this.
나는 이것을 이해 못한다.	( ).
너는 이것을 이해하니?	( )?

심화 학습

✏️ 무조건 말해 보기 – 평서문

_____에 목적어(대상)를 넣어 말해 보세요.

평서문

I like	나는 개를 좋아해요.
I want	나는 초콜릿을 원해요.
I read	나는 신문을 읽어요.
I know	나는 그것을 알아요.
I understand	나는 모든 것을 이해해요.
I watch	나는 영화를 봐요.
I drink	나는 녹차를 마셔요
I speak	나는 중국어를 말해요
I eat	나는 아침을 먹어요
I collect	나는 우표를 수집해요.
I buy	나는 신발들을 사요.
I love	나는 자연을 사랑해요.
I need	나는 도움이 필요해요.
I hate	나는 소음을 싫어해요.
I go to	나는 교회에 가요.
I play	나는 야구를 해요.
I wear	나는 안경을 써요.
I live in	나는 한국에 살아요.
I hit	나는 나무를 쳐요.

03. Do동사

03 Do동사

I study	나는 역사를 공부해요.
I have	나는 취미를 가지고 있어요.
I sell	나는 꽃들을 팔아요.
I do	나는 운동을 해요.
I travel to	나는 제주도로 여행가요.
I clean	나는 내 방을 청소해요.
I meet	나는 내 선생님을 만나요.
I visit	나는 부모님을 방문해요.
I ride	나는 오토바이를 타요.
I miss	나는 내 여자친구가 그리워요.
I take	나는 약을 복용해요.
I drive	나는 차를 운전해요.
I make	나는 커피를 만들어요.
I kiss	나는 당신에게 키스해요.
I raise	나는 아이들을 키워요.
I cook	나는 한국음식을 요리해요.
I spend	나는 돈을 써요.
I build	나는 집을 지어요.
I send	나는 문자를 보내요.
I rent	나는 차를 빌려요.
I wash	나는 얼굴을 씻어요.
I write	나는 일기를 써요.
I owe	나는 당신에게 빚졌어요.
I envy	나는 그 남자가 부러워요.
I feel	나는 아무것도 느끼지 않아요.
I use	나는 신용카드를 이용해요.
I run	나는 커피가게를 운영해요.

무조건 말해 보기 - 부정문

부정문은 don't 만 넣으면 되니 절대 어렵지 않습니다. 만사 긍정만 하고 살 수는 없겠죠. 부정도 열심히 연습하세요.
밑줄에 다양한 단어들을 넣어 보세요. 지금의 한마디 한마디가 여러분의 영어 실력을 쑥쑥 성장시킵니다.

I don't like	I don't study
I don't want	I don't have
I don't read	I don't sell
I don't know	I don't do
I don't understand	I don't travel to
I don't watch	I don't clean
I don't drink	I don't meet
I don't speak	I don't visit
I don't eat	I don't ride
I don't collect	I don't miss
I don't buy	I don't take
I don't love	I don't drive
I don't need	I don't make
I don't hate	I don't kiss
I don't go to	I don't raise
I don't play	I don't cook
I don't wear	I don't spend
I don't live in	I don't build
I don't hit	I don't send

03 | Do동사

I don't rent	I don't envy
I don't wash	I don't feel
I don't write	I don't use
I don't enjoy	I don't run

✏️ 무조건 말해 보기 – 의문문

평서문의 예문을 활용해 의문문으로 만들어 보세요. 앞에 Do만 붙이면 되니 그다지 어렵지 않습니다. '~을 하니?' 라는 질문은 일상 생활에 너무 자주 쓰는 질문이니 열심히 말해 보세요.
밑줄에 다양한 단어들을 넣어 보세요. 지금의 한마디 한마디가 여러분의 영어 실력을 쑥쑥 성장시킵니다.

Do you like	?	Do you go to	?
Do you want	?	Do you play	?
Do you read	?	Do you wear	?
Do you know	?	Do you live in	?
Do you understand	?	Do you hit	?
Do you watch	?	Do you study	?
Do you drink	?	Do you have	?
Do you speak	?	Do you sell	?
Do you eat	?	Do you do	?
Do you collect	?	Do you travel to	?
Do you buy	?	Do you clean	?
Do you love	?	Do you meet	?
Do you need	?	Do you visit	?
Do you hate	?	Do you ride	?

Do you miss	?	Do you send	?
Do you take	?	Do you rent	?
Do you drive	?	Do you wash	?
Do you make	?	Do you write	?
Do you kiss	?	Do you enjoy	?
Do you raise	?	Do you envy	?
Do you cook	?	Do you feel	?
Do you spend	?	Do you use	?
Do you build	?	Do you run	?

 쉬어가기

미드에서 유행하는 -ish

저의 경우에 실제로 영어를 연습할 시간이 많지 않습니다. 그렇지만 연습하지 않으면 실력이 떨어질 수 있다는 생각에 열심히 미드를 시청하며 나름대로 영어 공부를 꾸준히 하고 있습니다. 그런 미드를 보면서 미국에서 유행되고 있는 말들을 잡아내어 열심히 공부하고 사용하고자 노력하고 있습니다.
그런 표현 중 하나인 -ish를 소개하고자 합니다. 접미사처럼 끝에 붙이는 -ish는 쓰고자 하는 명사나 형용사 끝에 붙어 '~같은'이란 뜻을 만들어 냅니다.
child(아이) 뒤에 -ish를 붙인 childish(아이 같은, 유치한)처럼 실제적으로 쓰이는 단어도 있지만 요즘은 명사나 형용사에 자유롭게 붙여 '그것과 같은'이란 뜻으로 사용하기도 합니다.

예 1.

A : What time shall we meet?
우리 몇 시에 만날까?

B : 7-ish?
일곱 시경에?

예 2.

A : How was your blind date? Was she pretty?
어제 소개팅 어땠어? 그 여자 예뻤어?

B : Pretty-ish.
예쁜 것 같아.

예 3.

A : Does he look good?
그는 좋아 보여?

B : Good-ish.
좋은 것 같아.

예 4.

A : Are you a friend of Tom?
너는 Tom의 친구니?

B : Friend-ish.
친구인 것 같아.

이렇게 '일종의 ~같다'라고 할 때 –ish를 사용할 수 있습니다. 들을 때마다 재미있다고 생각되던 표현인데 외국인과 대화할 때 한 번 사용해 보세요. 영어회화에서 양념 같은 표현이 될 것입니다.

Chapter 4
Be동사, Do동사 의문문 답하기

04 Be동사, Do동사 의문문 답하기

Be동사 의문문의 경우 '~이니? / 되니? / 있니?', Do동사 의문문의 경우 그 해당 동사를 '~하니?'라는 뜻이 됩니다. 여기에 대해서는 '그렇다. / 아니다.'인 Yes / No로 대답합니다. 그리고 Be동사 의문문의 경우 대명사를 주어로 해서 Yes 뒤에는 긍정문으로, No 뒤에는 not을 붙인 부정문으로 대답하면 됩니다. Do동사 의문문의 경우 Yes로 대답하는 경우에는 〈해당 주어의 대명사 + do 또는 does〉, No로 대답하는 경우에는 〈해당 주어의 대명사 + don't 또는 doesn't〉를 붙이면 됩니다.

예를 들어

Are you a student?

➡ 질문자가 말한 You는 나를 지칭하므로 Yes, I am. 또는 No I am not.으로 대답하면 됩니다.

Is she pretty?

➡ Yes, she is. 또는 No, she isn't.

Is your car new?

➡ Yes, it is. 또는 No, it isn't. 이때 주어는 2인칭인 your가 아니라 your car, 즉 사물이자 3인칭입니다. 주어가 3인칭 하나이면 it으로, 3인칭 둘 이상이면 they로 받습니다.

Are your friends students?

➡ 주어가 두 명 이상이므로 they로 받아야 합니다. Yes, they are. 또는 No, they aren't (are not).

Do you have a car?

➡ Yes, I do. / No, I don't (do not).

Does your mother go to church?

➡ 주어가 3인칭 단수 현재일 때 Do가 Does로 변합니다. Yes, she does. / No, she doesn't.

Does this elevator work?

➡ Yes, it does. / No, it doesn't.

Do penguins fly?

➡ Yes, they do. / No, they don't.

Chapter 5
5W1H 의문문 만들기

05-1 5W1H 의문문 만들기 - Be동사 의문문

Step 1 가볍게 읽기

Step 2 예제로 이해하기

Step 3 Speak up!

05-2 5W1H 의문문 만들기 - Do동사 의문문

Step 1 가볍게 읽기

Step 2 예제로 이해하기

Step 3 Speak up!

　다양한 문장 패턴 연습하기

05-3 5W1H 의문문 만들기 - How 의문문

Step 1 가볍게 읽기

Step 2 예제로 이해하기

　How의 실제적인 활용법

Step 3 Speak up!

　기타 How 표현들

05 | 5W1H 의문문 만들기

의문문의 최종단계로 우리가 흔히 묻는 '언제, 어디서, 왜, 무엇을, 누가, 어떻게'의 〈육하원칙〉에 맞추어 질문을 만드는 법을 연습하겠습니다. 절대로 어렵지 않으며 앞에서 연습한 'Be동사 의문문 만들기'와 'Do동사 의문문 만들기'에 익숙하다면 이미 거의 터득한 것이나 다름없으니 자신감을 가지고 편안한 마음으로 시작하세요.

5W1H 의문문은 Be동사 의문문 또는 일반동사 의문문 앞에 5W1H를 자연스럽게 붙여넣으면 됩니다. 이 육하원칙의 단어들은 문장의 제일 앞에 가려는 성질이 있다는 것도 명심하세요.
단 의문부사인 Where(어디), When(언제), Why(왜)는 대부분의 의문문 앞에 붙여도 자연스럽게 문장이 되지만 의문대명사인 What(무엇), Who(누가), 의문부사인 How(어떻게)는 바로 붙일 경우 뒤의 문장이나 의미가 부자연스러워지는 경우가 많습니다.
그러므로 What, Who, How를 사용할 경우 극히 주의해야겠습니다.

05-1. 5W1H 의문문 만들기 - Be동사 의문문

가볍게 읽기

5W1H(When, Where, Why, What, Who, How) 의문문을 만드는 법으로서 Be동사가 쓰인 경우 먼저 Be동사 의문문, 즉 Be동사가 주어 앞으로 나오는 의문문 앞에 5W1H를 붙입니다. Be동사 의문문을 만들면 거의 다 만든 것이나 다름없습니다. Is + 주어 ~? / Are + 주어 ~? / Am I ~? 앞에 5W1H를 넣으면 의문문이 됩니다.

질문의 성질에 따라 Why, Where, When의 경우 자연스럽게 의문문이 되지만 What, Who, How의 경우 안 되는 경우가 많으니 주의하기 바랍니다.

예제로 이해하기

1. 너는 행복하니? Are you happy?

When are you happy? (O) 너는 언제 행복하니?

Where are you happy? (O) 너는 어디서 행복하니?

Why are you happy? (O) 너는 왜 행복하니?

05 | 5W1H 의문문 만들기
– Be동사 의문문

What are you happy? (×) 너는 무엇과 행복하니? ➡ 자연스럽게 해석되지가 않습니다.
Who are you happy? (×) Who가 주어라면 Who is happy?, 즉 '누가 행복하니?' 라고 해석이 되지만 You 라는 주어가 있기 때문에 '누가' 라고 해석이 되지 않습니다. 이 경우 제일 뒤에 전치사를 넣어 Who가 전치사의 목적어로 나오게 하면 됩니다.

      Who ~ with? ➡ 너는 누구와 함께
      Who ~ for?   ➡ 너는 누구를 위해
      Who ~ to?   ➡ 너는 누구에게

2. 너 배고프니? Are you hungry?

When are you hungry? (O)

Where are you hungry? (O)

Why are you hungry? (O)

What are you hungry? (X)

Who are you hungry? (X)

3. 너 바쁘니? Are you busy?

When are you busy? (O)

Where are you busy? (O)

Why are you busy? (O)

What are you busy? (X)

Who are you busy? (X)

다양한 Be동사 의문문을 가지고 Where, When, Why 의문문을 만드는 연습을 꾸준히 하십시오. What, Who, How의 사용법은 다소 복잡하므로 뒤에 다루겠습니다.

Speak up!

1. 너 피곤해? Are you tired?

넌 언제 피곤해?	When are you tired?
넌 왜 피곤해?	Why are you tired?
넌 어디서 피곤해?	Where are you tired?

2. 그녀는 바쁘니? Is she busy?

그녀는 언제 바쁘니?	When is she busy?
그녀는 왜 바쁘니?	Why is she busy?
그녀는 어디서 바쁘니?	Where is she busy?

3. 그는 외롭니? Is he lonely?

그는 언제 외롭니?	When is he lonely?
그는 왜 외롭니?	Why is he lonely?
그는 어디서 외롭니?	Where is he lonely?

05. 5W1H 의문문 만들기

05 5W1H 의문문 만들기
– Be동사 의문문

4. 그것은 비싸니? Is it expensive?

그것은 언제 비싸니?	When is it expensive?
그것은 왜 비싸니?	Why is it expensive?
그것은 어디서 비싸니?	Where is it expensive?

이제 직접 말해 보세요.

5. 넌 늦니? / 넌 언제 늦니? / 넌 왜 늦니? / 넌 어디서 늦니?
6. 넌 슬프니? / 넌 언제 슬프니? / 넌 왜 슬프니? / 넌 어디서 슬프니?
7. 넌 배고프니? / 넌 언제 배고프니? / 넌 왜 배고프니? / 넌 어디서 배고프니?
8. 넌 아프니? / 넌 언제 아프니? / 넌 왜 아프니? / 넌 어디서 아프니?
9. 그녀는 우울하니? / 그녀는 언제 우울해? / 그녀는 왜 우울해? / 그녀는 어디서 우울해?
10. 그녀는 화내? / 그녀는 언제 화내? / 그녀는 왜 화내? / 그녀는 어디서 화내?
11. 그녀는 한가해? / 그녀는 언제 한가해? / 그녀는 왜 한가해? / 그녀는 어디서 한가해?
12. 그는 속상해? / 그는 언제 속상해? / 그는 왜 속상해? / 그는 어디서 속상해?
13. 그것은 어려워? / 그것은 언제 어려워? / 그것은 왜 어려워? / 그것은 어디서 어려워?
14. 그것은 중요해? / 그것은 언제 중요해? / 그것은 왜 중요해? / 그것은 어디서 중요해?
15. 그것은 필요해? / 그것은 언제 필요해? / 그것은 왜 필요해? / 그것은 어디서 필요해?

Where 의문문의 경우 문법적으로는 틀린 것이 없지만 의미상 자연스럽지 않아 잘 사용되지는 않습니다.

영어회화의 정석

반복 연습으로 완전히 여러분의 것으로 만드세요.

When ~? 언제?	Why ~? 왜?	Where ~? 어디?
When are you angry?	Why are you angry?	Where are you angry?
When are you sad?	Why are you sad?	Where are you sad?
When are you late?	Why are you late?	Where are you late?

이제 직접 만들어 보세요.

When are you (   )?   **Why are you (   )?**   **Where are you (   )?**

언제 넌 피곤하니?	왜 넌 피곤하니?	어디서 넌 피곤하니?
언제 넌 속상해?	왜 넌 속상해?	어디서 넌 속상해?
언제 넌 외로워?	왜 넌 외로워?	어디서 넌 외로워?
언제 넌 신나?	왜 넌 신나?	어디서 넌 신나?
언제 넌 우울해?	왜 넌 우울해?	어디서 넌 우울해?
언제 넌 화나니?	왜 넌 화나니?	어디서 넌 화나니?
언제 넌 바쁘니?	왜 넌 바쁘니?	어디서 넌 바쁘니?
언제 넌 한가해?	왜 넌 한가해?	어디서 넌 한가해?
언제 넌 아프니?	왜 넌 아프니?	어디서 넌 아프니?
언제 넌 늦니?	왜 넌 늦니?	어디서 넌 늦니?
언제 넌 졸리니?	왜 넌 졸리니?	어디서 넌 졸리니?
언제 넌 짜증나?	왜 넌 짜증나?	어디서 넌 짜증나?

현재시제 5W1H Be동사 의문형들은 실제 이렇게 현재시제로는 잘 쓰이지 않습니다. 오히려 특정한 과거에 일어난 일을 물을 때, 즉 과거시제에 더욱 자연스럽게 쓰입니다.

05. 5W1H 의문문 만들기

05 | 5W1H 의문문 만들기 – Be동사 의문문

'Be + 주어 + 동사' 에서는 이미 주어가 있기 때문에 Who를 주어로 쓸 수 없습니다. 그래서 Who를 주어로 사용하면 Be동사 뒤에 주어가 또 올 수 없습니다. What 또한 주어 대신 사용될 수 있으나 주어가 사람이 아닌 사물일 때 사용될 수 있습니다. 마찬가지로 Be동사 뒤에 주어가 또 올 수 없습니다.

Who가 주어인 문장

Who is angry?
Who is sad?
Who is late?

What이 주어인 문장

What is expensive?
What is difficult?
What is easy?

이제 직접 만들어 보세요.

Who is (   )?

누가 피곤하니?
누가 속상해?
누가 외로워?
누가 신나?
누가 우울해?
누가 배고파?
누가 춥니?
누가 덥니?
누가 강하니?
누가 똑똑하니?
누가 화나니?
누가 바쁘니?
누가 한가해?
누가 아프니?
누가 늦니?
누가 졸리니?
누가 짜증나?

What is (   )?

무엇이 중요해?
무엇이 신나?
무엇이 흥미로워?
무엇이 맛있어?
무엇이 유용해?
무엇이 복잡해?
무엇이 간단해?
무엇이 사실이야?
무엇이 달라?
무엇이 공평해?
무엇이 문제야?
무엇이 잘못됐어?
무엇이 옳아?
무엇이 이상해?
무엇이 무서워?
무엇이 웃겨?
무엇이 필요해?

영어회화의 정석

05-2. 5W1H 의문문 만들기 - Do동사 의문문

가볍게 읽기

앞에서 연습한 Do동사 의문문 앞에 자연스럽게 5W1H를 넣으면 됩니다. Where, When, Why의 경우에는 자연스럽게 의문문이 되나 What, Who, How의 경우 표현하고자 하는 내용에 따라 다소 수정이 필요합니다.

앞에서 나온 Do동사 의문문을 떠올려 볼까요?

Do + 주어(I, we, you, 두 개 이상의 주어) + 일반동사 ~?
Does + 주어(3인칭 하나) + 일반동사 ~?

예제로 이해하기

그럼 이번에는 위의 의문문 앞에 5W1H를 넣어 봅시다.

1. 너는 책을 읽니? **Do you read books?**

    When do you read books? (O) 너는 언제 책을 읽니?

    Where do you read books? (O) 너는 어디서 책을 읽니?

05 | 5W1H 의문문 만들기
– Be동사 의문문

Why do you read books? (O)　너는 왜 책을 읽니?

What do you read books? (X)

What의 경우 What 다음에 명사가 오면 가능할 수 있습니다. 즉 '너는 무슨 책을 읽니?' 라는 표현을 만들 때 '무슨 책'이라고 하듯이 영어에서도 What books를 앞에 내세우면 '무슨 책을 읽니?' 라는 의문문을 만들 수 있습니다.

What books do you read? (O)

여기서 What books는 What (kind of) books(무슨 종류의 책)에서 kind of(종류의)가 생략되어 있다고 볼 수 있습니다.

그렇다면 Who do you read books?라는 문장은 어떨까요? 이 경우 Who와 you 주어가 두 개가 되어 문법적으로 틀린 문장이 됩니다. 그래서 Who reads books? 식으로 you를 없애고 Who를 주어로 내세우면 맞는 문장이 되죠.

만약 you를 주어로 하고 싶다면, 문장 뒤에 전치사를 사용하여 Who를 그 전치사의 목적어로 만들면 가능합니다. 즉 Who ~ with?(너는 누구와 함께), Who ~ for?(너는 누구를 위해), Who ~ to?(너는 누구에게) 식으로 말입니다.

Who do you read books for? (O)　너는 누구를 위해 책을 읽니?

Who do you read books with? (O) 너는 누구와 함께 책을 읽니?

2. 너는 커피를 마시니? Do you drink coffee?

When do you drink coffee? (O)

Where do you drink coffee? (O)

Why do you drink coffee? (O)

What do you drink coffee? (X)

What (kind of) coffee do you drink? (O)

Who do you drink coffee? (X)

Who do you drink coffee with? (O)

➡ 너는 누구와 함께 커피를 마시니?

3. 그녀는 아침을 먹니? Does she eat breakfast?

When does she eat breakfast? (O)

Where does she eat breakfast? (O)

Why does she eat breakfast? (O)

What does she eat breakfast? (X)

What does she eat for breakfast? (O)

breakfast, lunch, dinner의 경우 What breakfast, What lunch, What dinner로 쓰지 않습니다. 대신 식사명 앞에 for를 붙여 '아침을 위해 무엇을 먹니? / 점심을 위해 무엇을 먹니? / 저녁을 위해 무엇을 먹니?' 라는 의미의 문장을 만듭니다.

What do you have for breakfast?

What do you have for lunch?

What do you have for dinner?

Who의 경우 예외 상황이 많으니 항상 주의해야 합니다.

Who does she eat breakfast? (X)

Who does she eat breakfast with? (O)

05 | 5W1H 의문문 만들기 – Be동사 의문문

4. 너 컴퓨터 게임 하니? Do you play computer games?

When do you play computer games?
Where do you play computer games?
Why do you play computer games?
What computer games do you play?
Who do you play computer games with?

Speak up!

지금부터 Do 의문문을 만들고 거기에 5W1H를 붙이는 연습을 하세요.

1. 너 일하니? Do you work?

넌 언제 일하니?	When do you work?
넌 어디서 일하니?	Where do you work?
넌 왜 일하니?	Why do you work?
넌 무슨 종류의 일을 하니?	What kind of work do you do?
넌 누구와 함께 일하니?	Who do you work with?
넌 누구를 위해 일하니?	Who do you work for?

2. 너는 영화를 보니? Do you watch movies?

넌 언제 영화를 보니?	When do you watch movies?
넌 어디서 영화를 보니?	Where do you watch movies?
넌 왜 영화를 보니?	Why do you watch movies?
넌 무슨 영화를 보니?	What movies do you watch?
넌 누구랑 같이 영화를 보니?	Who do you watch movies with?

3. 그녀는 쇼핑을 가니? Does she go shopping?

그녀는 언제 쇼핑을 가니?	When does she go shopping?
그녀는 어디에 쇼핑을 가니?	Where does she go shopping?
그녀는 왜 쇼핑을 가니?	Why does she go shopping?
그녀는 무엇을 사니?	What does she buy?
그녀는 누구랑 함께 쇼핑을 하니?	Who does she go shopping with?

이제부터 여러분이 직접 만들어서 말해 보세요. 틀리는 것을 두려워 마시고 공식에 따라 반복 연습을 하여 말이 어느 정도 수월하게 나올 때까지 계속 노력하세요.

4. 그는 친구들을 만나니? Does he meet friends?

그는 언제 그의 친구들을 만나니? _____
그는 어디서 그의 친구들을 만나니? _____
그는 왜 그의 친구들을 만나니? _____
그는 무슨 친구들을 만나니? _____
(What friends : 무슨 친구)

05 | 5W1H 의문문 만들기
– Do동사 의문문

5. 너는 외식을 하니? Do you eat out?

When / Where / Why / Who ~ with?

6. 너는 술을 마시니? Do you drink?

When / Where / Why / What / Who ~ with?

7. 너는 신문을 읽니? Do you read newspaper?

When / Where / Why / What newspaper / Who ~ with?

8. 너는 아침을 먹니? Do you eat breakfast?

When / Where / Why / Who ~ with?

'아침식사로 무엇을 먹니?'는 What breakfast do you eat?이 아닙니다. What do you eat for breakfast? 로 '아침식사를 위해 무엇을 먹습니다' 가 해석상 더 가깝습니다.

9. 너는 커피를 마시니? Do you ~?

When / Where / Why / What coffee / Who ~ with?

10. 너는 자니? Do you ~?

Where / When / Why

이 경우 What ~?은 말이 되지 않습니다. Who ~ with?라고 하면 너무 개인적인 질문이 되겠죠.

영어회화의 정석

11. 너는 차(cars)를 만드니? **Do you ~?**
Where / When / Why / What cars / Who ~ with?

12. 너는 차를 운전하니? **Do you ~?**
Where / When / Why / What car ~?

13. 너는 컴퓨터 게임을 하니? **Do you ~?**
Where / When / Why / What computer games / Who ~ with?

14. 너는 커피를 만드니? **Do you ~?**
Where / When / Why / What coffee / Who ~ for?

15. 너는 애완동물을 키우니? **Do you ~?** (일반동사 have를 사용하세요.)
Where / Why / What pets ~?

16. 너는 꽃을 사니? **Do you ~?**
Where / When / Why / What flowers / Who ~ for?

처음은 디디디라도 꾸준히 연습해 보세요. 점점 빨라지는 것을 느낄 수 있을 것입니다. 꾸준히 반복할수록 실전에서 자연스럽게 영어가 튀어나올 것입니다.

05 | 5W1H 의문문 만들기 – Do동사 의문문

✏️ 다양한 문장 패턴 연습하기

1. 넌 언제(또는 몇 시에) 일어나? _____ get up? 또는 What time _____?
2. 넌 언제 일 마쳐? _____ finish work?
3. 넌 언제 내가 필요해? _____ need me?
4. 넌 언제 일하러 가? _____ go to work? 또는 What time _____?
5. 너 언제 집에 도착해? _____ get home?
6. 넌 어디서 놀아? _____ hang out?(hang out : 시간을 보내다, 놀다)
7. 너 어디서 담배 피워? _____ smoke?
8. 너 어디서 버스를 타? _____ take a bus?
9. 너 어디서 옷을 사? _____ buy clothes?
10. 너 어디서 운동해? _____ work out?
11. 넌 왜 이게 필요해? _____ need this?
12. 넌 왜 거짓말을 하니? _____ lie?
13. 넌 왜 날 사랑해? _____ love me?
14. 넌 왜 그를 미워해? _____ hate him?
15. 넌 왜 그녀를 믿어? _____ believe her?
16. 넌 무슨 샴푸 써? What shampoo _____ use?
17. 넌 무슨 향수 써? What perfume _____ wear?
18. 넌 무슨 사업을 하니? What business _____ have?
19. 넌 어떻게 생각해? What _____ think?
20. 넌 무엇을 알고 있어? What _____ know?

영어회화의 정석

21. 넌 누구랑 산책을 해?   Who _____ take a walk with?

22. 넌 누구랑 여행을 가니?   Who _____ travel with?

23. 너 누구랑 어울리니?   Who _____ hang out with?

24. 넌 누구를 위해 우니?   Who _____ cry for?

25. 넌 누구를 위해 아침을 만들어?   Who _____ make breakfast for?

☞ 모범 답안 P.262

5W1H 의문문 만들기 – How 의문문

가볍게 읽기

How의 경우 How 그 자체를 Be동사 의문문, Do동사 의문문 앞에 그대로 붙여 그 방법을 묻는 사용법은 흔하지 않습니다. How do you eat?(너는 어떻게 먹니?)의 경우 상황에 따라 너무 막연한 질문이 됩니다. How do you think?(너는 어떤 방법으로 생각하니?) 역시 너무 막연한 질문이 됩니다. 실제로는 What do you think?가 '너는 어떻게 생각해?' 가 되죠.
다만 go, come, move, travel과 같이 이동의 뜻이 있는 동사 의문문 앞에 How가 있을 경우 교통수단을 묻는 의문문이 됩니다.

예제로 이해하기

How do you go to work? 어떻게 직장에 출근하세요?

➡ **I go to work by car(by bus / by train / by subway).**

How do you go to school? 넌 어떻게 학교를 가니?

➡ **I go to school on foot.**

How do you get home? 넌 어떻게 집에 가니?

➡ **I get home by bus.**

✏ How의 실제적인 활용법

How often(얼마나 자주) / How many times(몇 번) / How long(얼마나 오래) / How many hours(몇 시간)를 의문문 앞에 붙여 그 뜻이 자연스러우면 활용할 수 있는 문장이 됩니다.

Are you sad?

➡ **How are you sad? (X)** 너는 어떻게 슬프니? (뜻이 너무 애매모호한 질문)

➡ **How often are you sad? (O)** 얼마나 자주 슬프니?

(흔하지 않은 질문이지만 의미적으로 틀리지는 않음)

Do you drink coffee?

➡ **How often do you drink coffee?** 얼마나 자주 커피를 드세요?

➡ **How many times do you drink coffee per day?** 하루에 몇 번 커피를 드세요?

➡ **How long do you drink coffee?** 얼마나 오랫동안 커피를 드세요?

Do you play soccer?

➡ **How often do you play soccer?** 얼마나 자주 축구를 하세요?

➡ **How long do you play soccer?** 얼마나 오래 축구를 하세요?

05 | 5W1H 의문문 만들기
– How 의문문

그밖에 'How + 형용사'가 의문문 앞에 나와 그 의미가 자연스러우면 사용될 수 있습니다.

How tired are you?	너는 얼마나 피곤하니?
How old is he?	그는 몇 살이니?
How cold is it?	얼마나 춥니?
How boring is the movie?	그 영화는 얼마나 지루하니?
How cheap is this?	이것은 얼마니 싸니?
How much is it?	그것은 얼마니?

'How + 형용사'는 다양하게 사용될 수 있으니 알아두면 유용하게 활용할 수 있습니다.

Speak up!

How often (얼마나 자주) ~?

너는 얼마나 자주 외식을 하니? How often do you eat out?

너는 얼마나 자주 데이트를 하니(have a date)?

너는 얼마나 자주 컴퓨터 게임을 하니?

너는 얼마나 자주 커피를 마시니?

너는 얼마나 자주 너의 친구들을 만나니?

너는 얼마나 자주 쇼핑을 가니?

너는 얼마나 자주 운동을 하니?

How many times (몇 번이나) ~?

너는 하루에 몇 번이나 샤워를 하니? How many times do you take a shower a day?

너는 일주일에 몇 번이나 컴퓨터 게임을 하니? _____ a week?

너는 일주일에 몇 번 데이트를 하니? _____ a week?

너는 일주일에 몇 번 쇼핑을 가니? _____ a week?

너는 한 달에 몇 번 부모님을 방문하니? _____ a month?

너는 한 달에 몇 번 외식을 하니? _____ a month?

05. 5W1H 의문문 만들기

05 | 5W1H 의문문 만들기 – How 의문문

How long (얼마나 오랫동안) ~?

너는 얼마나 오랫동안 자니?

너는 얼마나 오랫동안 일하니?

너는 얼마나 오랫동안 공부하니?

너는 얼마나 오랫동안 목욕을 하니?

너는 얼마나 오랫동안 TV를 보니?

너는 얼마나 오랫동안 전화를 하니?
talk on the phone?

얼마나 오랫동안 걸리니?
How long does it take?

너는 얼마나 오랫동안 쇼핑을 하니?
How long do you do shopping?

It은 얼마나 걸리는지 물을 때 주어로 사용됩니다. '쇼핑을 가다'는 **go shopping**, '쇼핑을 하다'는 **do shopping**입니다. '너는 얼마나 오랫동안 쇼핑을 가니?'는 말이 되지 않기 때문에 do shopping을 사용해야 합니다. How 시리즈도 아주 유용한 표현이므로 반드시 입에 익숙할 정도로 연습하세요.
You can do it!

How many hours (몇 시간) ~?

너는 하루에 몇 시간 자니?	a day?
너는 하루에 몇 시간 일하니?	a day?
너는 하루에 몇 시간 공부하니?	a day?
너는 하루에 몇 분 목욕을 하니?	How many minutes a day?
너는 하루에 몇 시간 음악을 듣니?	listen to music a day?
너는 하루에 몇 시간 TV를 보니?	a day?
너는 하루에 몇 시간 전화를 하니?	talk on the phone a day?

기타 How 표현들

How many + 복수 명사의 유용한 표현들

너는 몇 대의 차를 가지고 있니?	How many cars do you have?
너는 몇 명의 친구를 가지고 있니?	How many friends do you have?
하루에 몇 잔의 커피를 마셔요?(cups of coffee)	a day?
하루에 몇 잔의 차를 마셔요?(cups of tea)	
하루에 몇 잔의 물을 마셔요?(glasses of water)	
하루에 몇 개피의 담배를 피워요?	How many cigarettes
하루에 몇 끼 먹어요?(meals)	
한 달에 몇 권의 책을 읽어요?	a month?
너는 몇 채의 집을 가지고 있니?	

05. 5W1H 의문문 만들기

05 | 5W1H 의문문 만들기 – How 의문문

너는 몇 개의 수업을 듣고 있니?(classes)

너는 몇 명을 아니?(people)

너는 몇 대의 컴퓨터를 가지고 있니?

너는 몇 권의 책을 가지고 있니?

너는 몇 개의 TV 채널을 가지고 있니?(TV channels)

너는 몇 마리의 개를 가지고 있니?

너는 몇 개의 음악 CD를 가지고 있니?(Music CDs)

너는 몇 명의 아이를 가지고 있니?(kids)

☞ 모범 답안 P.262

05. 5W1H 의문문 만들기

 쉬어가기

미국에서의 실수 하나
- "Super salad는 싫어요."

미국 유학 초창기 레스토랑에 갔을 때였습니다. 일본 친구 두 명과 한국 학생 한 명 그리고 저 이렇게 네 명은 모두 영어의 왕초보이었습니다. 다들 긴장해서 앉아 있는데 젊은 남자 웨이터가 와서 주문을 받으러 왔습니다. 뭐라고 혀를 꼬며 말해오는데 저희들은 그냥 스테이크를 주문했고 저는 회화책에 있는 대화를 떠올리면서 자신 있게 "Medium, please."라고 하면서 어려운 난관을 통과했습니다. 그리고는 웨이터가 다시 뭐라고 하는데 잘 알아듣지 못하는 난감한 상황이 벌어졌습니다.

그런데 웨이터의 말 중에 'super salad'란 말이 들리더군요. 저희들 네 명은 'super salad?'라고 반문하며 난처한 표정으로 서로를 쳐다보았습니다. 사실 미국이란 나라는 뭐든지 size가 커서 그런지 음식의 양도 엄청나더군요. 커피도 small 사이즈가 우리나라의 large 사이즈 만큼 크고 팝콘도 작은 사이즈가 반도 먹기에 힘들 정도로 양이 많았습니다. 그래서 'super salad'라는 말을 듣는 순간 그 많은 양의 샐러드를 우리가 다 어떻게 먹을 수 있을까 하면서 순간적으로 심각하게 고민이 되었습니다.

그래서 우리들은 주문하지 않겠다는 의미로 과감하게 'No.'라고 얘기했습니다. 그런데 그 웨이터가 계속 'Super salad.'라고 물어 오더군요. 우리들은 계속 'No. No.'로 일관했더니 그 웨이터도 우리들도 이 황당한 대화에 슬슬 짜증을 내기 시작하더군요. 그 와중에 한 일본인 친구가 과감하게 영어 문장을 말했습니다.

"We don't need super salad. It is too big."
그러자 웨이터가 무슨 생각이 들었던지 갑자기 아주 천천히 말하더군요.
"Soup… or… salad?"

그제서야 귀가 확 뚫린 듯 의미가 확실히 뇌리까지 잘 전달되더군요. Super salad가 아니라 Soup or salad.라는 말이었습니다. 즉 '수퍼 사이즈의 샐러드'가 아니라 '수프 아니면 샐러드 둘 중에 하나를 선택하라'는 것이었습니다.

그때의 뼈저린 실수를 교훈 삼아 그 다음부터는 Super salad로 들려도 당황하지 않고 주문할 수 있었죠. 지금 생각해 보면 이런 실수들이 훗날 회화에서의 여유로움을 만들어주었던 것 같습니다. 그러니 혹 외국에 처음 가더라도 절대로 겁먹지 마시고 많이 실수하시고 많이 배우세요.

Chapter 6
5W1H 질문 대답하기

Step 1 가볍게 읽기
Step 2 예제로 이해하기
Step 3 Speak up!
Step 4 심화 학습

04 | Be동사

06 | 5W1H 질문 대답하기

가볍게 읽기

5W1H의 대답은 Yes, No로 시작되어서는 안됩니다. 한국말을 생각해 보세요. '언제, 어디서, 무엇을, 어떻게, 누가, 왜'에 대한 대답을 '예/아니오'로 하지 않죠. 영어에서도 마찬가지로 When 등으로 물었을 때 Yes / No로 답하지 않고 주어 동사의 문장으로 대답해야 합니다. When, Where, Who, How 질문의 경우 대부분 그 문장들 안의 주어와 동사를 그대로 사용하면 대답을 쉽게 만들 수 있습니다. 하지만 Why나 What의 경우는 전혀 다른 문장이 될 수 있으므로 특히 신경써야 합니다.

예제로 이해하기

Why

Why do you study English?에 대한 대답

1. 주어를 I로 고치고 그 뒷부분을 그대로 사용합니다. (I study English)
2. 그 뒤에는 '~하기 위해서' 라는 표현을 위해 주로 두 가지 중 하나를 사용하게 됩니다.

➡ 첫 번째는 to V(동사원형)으로 To부정사를 사용합니다.

I study English to go to college. (나는 대학을 가기 위해서 영어를 공부합니다.)

➡ 두 번째는 전치사 for 뒤에 명사(또는 동명사)를 사용합니다.

I study English for college. (나는 대학을 위해 영어를 공부합니다.)

Why do you drink milk?에 대한 대답

1. 주어를 I로 고치고 그 뒤를 그대로 사용합니다.(I drink milk)
2. 그 뒤에는 '~하기 위해서' 라는 표현을 합니다.

➡ I drink milk to be healthy. (건강해지기 위해서)

➡ I drink milk because it's healthy. (건강에 좋기 때문에)

Why의 경우 그 대답으로 꼭 Because를 쓸 필요는 없습니다. 실제로 Why에 대한 대답으로 Because를 잘 사용하지는 않습니다. 상황에 따라 다양한 대답이 나올 수 있습니다.

Why do you love her?

➡ She is sweet. / She is beautiful. / She is rich. 등등...

Who

Who do you have lunch with?에 대한 대답
1. 주어를 I로 고치고 그 뒷부분을 그대로 사용합니다.(I have lunch with)
2. 제일 뒤에 Who에 대한 대답을 붙입니다.
   ➡ I have lunch with my friends.

Who does she drink coffee with?
➡ She drinks coffee alone.

혼자인 alone의 경우 with를 사용하지 않습니다.

Who do you go shopping with?
➡ I go shopping with my family.

What

What 의문문에 대한 대답의 경우도 위의 룰과 같습니다.

What movies do you watch?
1. 주어를 I 로 고치고 뒤의 동사를 그대로 붙입니다.(I watch)
2. 그리고 What에 해당하는 답을 골라 동사 뒤에 붙이면 됩니다.
   ➡ I watch romantic comedies.

What animals do you like?
➡ I like dogs.

What sports do your friends play?
→ They play soccer.

How often

How often do you meet your friends?
1. you를 I로, your를 my로 고치고 그 뒤를 그대로 붙입니다.
2. 원하는 횟수를 넣습니다.

→ I meet my friends three times per week.

얼마나 자주에 대한 대답은 once(한 번), a day, twice(두 번), three times(세 번), a week, a month 등 상황에 맞게 조합하여 사용합니다. 예를 들어 일주일에 한 번은 once a week, 한 달에 두 번은 twice a month, 일 년에 한두 번은 once or twice a year라고 하면 됩니다.

How often do you go shopping?
→ I go shopping once a week.

How often do you go to church?
→ I go to church every Sunday.

How long

How long do you play basketball?
1. 주어를 고치고 그대로 붙입니다. (I play basketball)
2. 뒤에 원하는 시간을 넣으면 됩니다. for는 '동안'이란 뜻으로 시간 앞에 사용됩니다.

→ I play basketball for two hours.

How long do you do shopping?
→ I do shopping for 30 minutes.

How long do you take a shower?
→ I take a shower for 10 minutes.

Speak up!

다음 질문들에 대해 답하는 연습을 해보세요. 답변에는 바로 주어와 동사를 얘기하시고 그 다음에 5W1H에 해당하는 답변을 천천히 넣어보세요. 주어 동사만 자신 있게 내뱉어도 답변의 반 이상은 훌륭하게 한 셈이 됩니다.

When

When do you take a shower?
→ I take a shower at _____ (at 7 in the morning)

When do you have dinner?
→ I have dinner _____

When do you drink coffee?

➡ _____

When do you get up?

➡ _____

Where

Where do you buy books?

➡ I buy books at _____ (GyoBo bookstore)

Where do you have dinner?

➡ I have dinner _____

Where do you meet your friends?

➡ _____

Where do you smoke?

➡ _____

Why

Why do you go to Seoul?

→ I go to Seoul to _____ (meet my friends)

Why do you go shopping?

→ I go shopping _____

Why do you watch TV?

→ _____

Why do you smoke?

→ _____

Who

Who do you play basketball with?

→ I play basketball with _____ (my friends)

Who do you watch movies with?

→ I watch movies with _____

Who do you spend your free time with?

→ _____

Who do you exercise with?

➡ _____

What

What books do you read?

➡ I read _____ (history novels)

How

How often do you meet your girlfriend?

➡ I meet my girlfriend _____ (twice a week)

How long do you study math?

➡ I study math _____ (for an hour per day)

How often do you eat out?

➡ I eat out _____

How often do you visit your parents?

➡ _____

How long do you sleep?

➡ _____

05 | 5W1H 의문문 만들기
– Be동사 의문문

STEP 4 심화 연습

다음에 나오는 동사들을 이용하여 먼저 Do동사 의문문을 만들고 그 다음에 5W1H 의문문을 만드는 연습을 해보세요. 그리고 각 질문마다 답변하는 연습도 반드시 하기 바랍니다. 이것을 연습하고 나면 동사만 주어졌을 때도 다양한 문장을 만들 수 있는 능력을 기른 셈이 됩니다.

1. go shopping
2. eat out
3. drink
4. buy clothes
5. watch TV
6. do exercises
7. study English
8. drink coffee
9. meet friends
10. have lunch
11. cook
12. have a snack
13. play computer games
14. sing songs
15. send text messages
16. work
17. go on a date
18. get a hair cut
19. go on a vacation
20. eat fast food
21. read books
22. climb the mountains
23. play sports
24. speak English
25. learn English
26. drink beer
27. wash the dishes
28. take a rest
29. listen to music
30. miss your parents
31. travel
32. eat fruit

33. take a shower
34. work out
35. laugh
36. sleep
37. feel sad
38. cry
39. see a movie
40. smoke
41. take a walk

위의 동사들은 모두 일반동사이니 의문문을 만들 경우 Do가 머리속에서 바로 떠올라야 합니다.

1. Go shopping 쇼핑을 가다

의문문

답변

의문문	답변
Do you go shopping?	Yes, I do./ No, I don't.
Where do you go shopping?	I go to Lotte Mart.
When do you go shopping?	I go shopping on weekends.
Who do you go shopping with?	I go shopping with my family.
What do you go shopping (X)	문장의 의미가 이상합니다.
What do you buy?	I buy clothes.
Why do you go shopping?	I need grocery. *grocery 식료품
How often do you go shopping?	I go shopping twice a week.
How long do you do shopping?	I do shopping about 2 hours. *about 대략

How long과 go를 같이 쓸 경우 '너는 얼마나 오랫동안 쇼핑을 가니?' 라는 이상한 뜻이 되니 동사를 do로 바꾸어 넣으면 '얼마나 오랫동안 쇼핑을 하니?'로 자연스러운 문장이 됩니다.

06 | 5W1H 질문 대답하기

다른 동사들을 위의 예문과 같이 의문문으로 만들고 답변하는 연습을 하세요. 틀리는 것을 두려워하지 마세요. 연습을 통해 그 실수들이 조금씩 줄어들고 여러분의 영어는 완벽해질 것입니다.

2. Eat out 외식을 하다

너는 외식을 하니?	_____?	Yes, I do.
어디서 외식을 하니?	_____?	I eat out at Outback.
언제 외식을 하니?	_____?	I eat out on weekends.
왜 외식을 하니?	_____?	I like to eat out with my family.
누구랑 함께 외식을 하니?	_____?	I eat out with my family.
얼마나 자주 외식을 하니?	_____?	I eat out twice a week.

3. Drink 술을 마시다

너는 술을 마시니?	_____?	Yes, I do.
어디서 술을 마시니?	_____?	I drink _____
언제 술을 마시니?	_____?	I drink _____
왜 술을 마시니?	Why do you drink?	I like to drink beer _____
무슨 술을 마시니?	_____?	I drink _____
누구랑 함께 술을 마시니?	_____?	I drink alone.
얼마나 자주 술을 마시니?	_____?	I drink _____

영어회화의 정석

4. Buy clothes 옷을 사다

너는 옷을 사니? _____?	Yes, I do.
어디서 옷을 사니? _____?	I buy clothes _____
언제 옷을 사니? _____?	I buy clothes _____
왜 옷을 사니? _____?	I like to buy pretty clothes.
무슨 옷을 사니? What clothes do you buy?	I buy _____
누구와 함께 옷을 사니? _____?	I buy clothes with _____
누구를 위해 옷을 사니? _____?	I buy clothes for _____
얼마나 자주 옷을 사니? _____?	I buy clothes _____
한 달에 몇 벌의 옷을 사니? _____?	I buy clothes _____

5. Watch TV TV를 보다

넌 TV를 보니? _____?	Yes, I do.
어디서 TV를 보니? _____?	I watch TV _____
언제 TV를 보니? _____?	I watch TV _____
왜 TV를 보니? _____?	I like watching news.
무슨 TV쇼를 보니? What TV shows do you watch?	I watch _____
누구랑 함께 TV를 보니? _____?	I watch TV with _____
얼마나 자주 TV를 보니? _____?	I watch TV _____
얼마나 오랫동안 TV를 보니? _____?	I watch TV _____
하루에 몇 시간 TV를 보니? _____?	I watch TV _____

06 | 5W1H 질문 대답하기

6. Do exercises 운동을 하다

넌 운동을 하니?	_____?	Yes, I do.
어디서 운동을 하니?	_____?	I do exercises _____
언제 운동을 하니?	_____?	I do exercises _____
왜 운동을 하니?	_____?	I do exercises for my health.
무슨 운동을 하니?	What exercises do you do?	I go jogging.
누구랑 함께 운동을 하니?	_____?	I do exercises with _____
얼마나 자주 운동을 하니?	_____?	I do exercises _____
얼마나 오랫동안 운동을 하니?	_____?	I do exercises _____
하루에 몇 시간 운동을 하니?	_____?	I do exercises _____

7. Study English 영어를 공부하다

너는 영어를 공부하니?	_____?	Yes, I do.
어디서 영어를 공부하니?	_____?	I study English _____
언제 영어를 공부하니?	_____?	I study English _____
왜 영어를 공부하니?	_____?	I study English for new job.
누구랑 함께 영어를 공부하니?	_____?	I study English _____
얼마나 자주 영어를 공부하니?	_____?	I study English _____
얼마나 오랫동안 영어를 공부하니?	_____?	I study English _____

8. Drink coffee 커피를 마시다

| 너는 커피를 마시니? | _____? | Yes, I do. |
| 어디서 커피를 마시니? | _____? | I drink coffee _____ |

영어회화의 정석

언제 커피를 마시니? _____?   I drink coffee _____

왜 커피를 마시니? _____?   I love coffee so much.

무슨 커피를 마시니? What coffee _____?   I drink Espresso.

누구와 함께 커피를 마시니? _____?   I drink coffee _____

얼마나 자주 커피를 마시니? _____?   I drink coffee _____

하루에 몇 잔의 커피를 마시니? _____?   I drink three cups of coffee a day.

9. Meet friends 친구를 만나다

넌 친구를 만나니? _____?   Yes, I do.

어디서 친구를 만나니? _____?   I meet them _____

언제 친구를 만나니? _____?   I meet them _____

왜 친구를 만나니? _____?   I like to hang out with them.

무슨 친구를 만나니? What friends do you meet?   I meet my school friends.

얼마나 자주 친구를 만나니? _____?   I meet them _____

10. Have lunch 점심을 먹다

넌 점심을 먹니? _____?   Yes, I do.

어디서 점심을 먹니? _____?   I have lunch _____

언제 점심을 먹니? _____?   I have lunch _____

뭘 점심으로 먹니? _____?   I have rice and kimchi for lunch.

누구랑 점심을 먹니? _____?   I have lunch _____

얼마나 오랫동안 점심을 먹니? _____?   I have lunch _____

 쉬어가기

가장 멋진 미국 여행 중 하나인 로드 트립

미국에 4년 정도 살다가 들어왔을 때 지인들이 즐겨 묻던 질문 중 하나는 미국에서 가장 인상 깊은 곳이 어디냐는 것이었습니다. 아무래도 성격상 도시의 화려한 광경보다는 자연의 자연스러움을 더 좋아하는 관계로 미국 서부에서 동부까지의 아름다운 자연 풍광들을 많이 여행했고 그 중에는 누구나 이름을 들어보았을 옐로스톤 국립공원, 요세미티 국립공원, 러시모어 마운틴, 그랜드 캐년, 나이아가라 폭포, 바다로 착각하게 하는 5대호 등을 이야기했습니다.

그리고 무엇보다 저에게 인상 깊게 다가온 풍경은 그 어느 곳도 아닌 애리조나 사막의 밤하늘이었습니다. 낮에는 볼 것 하나 없는 지루한 풍경이었지만 밤에 차를 몰고 운전하다 보니 어느새 앞뒤로 어떤 차의 불빛도 보이지 않았고 주변에 인가라곤 전혀 없어 지상에서는 어떤 인공의 불빛도 비치지 않아 마법에 홀린 듯 그만 차를 길가에 주차시키고 (매우 위험한 일이라고 하더군요) 차 밖으로 나온 적이 있었습니다.

그리고 사방을 둘러보니 정말 그곳에서는 하늘이 땅보다 더 넓더군요. 하늘을 올려다보니 별들이 얼마나 많은지 바늘을 들어 하늘을 찔러대면 여기저기서 별들의 비명소리가 들려올 듯하더군요. 게다가 별들이 얼마나 가깝게 느껴지던지 무신론자인 제게는 신성한 존재가 있음을 느끼게 하는 체험이었습니다. 그 이름 모를 애리조나의 사막 여행이 바로 제가 미국에서 느낀 가장 인상 깊은 체험이었습니다. 그리고 두 번째로는 샌프란시스코에서 LA를 잇는 1번 국도를 따라 감상한 태평양의 낙조였습니다. 영화 속에서나 담을 법한 환상적인 풍경이었죠.

국내에도 여행 바람이 불어 국제여행을 많이 즐기고들 있습니다. 가까이는 중국, 동남아부터 멀리는 호주, 미국, 캐나다, 유럽까지 즐겨 여행하는데 제가 적극 추천하는 여행은 미국을 차로 횡단하는 이 road trip입니다.

차를 렌트해서 미국을 횡단하는 이 여행은 많은 장점을 가지고 있습니다. 미국은 각 주마다 이름난 여행지가 많고 각기 다른 나라를 방문하는 듯 저마다의 독특한 풍경을 가지고 있습니다. 북쪽의 중부 대륙을 가로지른다면 아마 이틀은 좌우로 옥수수 밭만 구경할 수도 있습니다. 플로리다에서는 광활한 늪지대를 구경할 수도 있으며 애리조나의 사막지대를 지난다면 등뒤에서 해지는 것을 구경하고 눈앞에서 해가 지는 것을 감상하며 차를 운전할 수도 있습니다. 그 반대도 가능하겠죠. 배가 고프면 이름 모를 식당에서 친절한 서비스와 함께 맛있는 음식을 먹을 수도 있고 다양하고 저렴한 모텔에서 아늑한 휴식을 취할 수 있습니다.

이 road trip이야 말로 진정한 미국을 감상할 수 있는 최고의 여행이 아닐까 합니다. 특히 가족 단위로 갈 수 있다면 아이들에게는 정말 의미 있는 경험이 될 수 있을 것입니다. 아이들에게 무조건 영어를 공부하라고 강요할 게 아니라 미국의 여러 가지 문화를 직접 체험하게 하면 세계적으로 커다란 꿈을 가질 수도 있고 영어의 필요성을 깨달아 스스로 영어를 공부하게 될 것입니다. 그것이 아이들의 인생에서 최고의 동기부여가 될 것입니다.

Chapter 7
현재시제

07. 현재시제

Step 1 가볍게 읽기

　　현재시제란

Step 2 예제로 이해하기

　　현재시제 연습

Step 3 Speak up!

　　Be동사, Do동사 의문문 연습

　　What 의문문 연습 – 질문하기

　　What 의문문 연습 – 답해 보기

　　대화 문장 만들어 보기

　　현재시제 연습

07 현재시제

시제란 얘기의 시점을 표현하는 것으로 현재, 과거, 미래, 완료, 진행을 포함 총 열 두 시제가 있습니다. 특히 시제란 동사의 형태가 변하는 것으로 여기서는 기초 레벨에서 현재, 과거, 미래, 진행형 시제를 집중적으로 다루겠습니다.

가볍게 읽기

현재시제란

현재시제란 주어의 사실 습관에 대한 정보를 표현하는 것으로 실제 생활에서 상대적으로 적게 사용되는 시제이나 현재시제는 모든 시제의 표준 형태이므로 보통 가장 먼저 배우게 됩니다. 즉 현재시제를 가지고 과거, 미래, 진행, 완료시제로 변형시켜 공부하게 됩니다.

현재시제는 우리가 일상 생활에서 새로운 사람을 만나거나 주어에 대해 모르는 사실이나 습관에 대한 정보를 묻거나 표현할 때 사용하게 됩니다. 예를 들어 처음 만나는 사람에게 직장이 어딘지, 취미가 무엇인지, 어디 사는지 등에서 모두 현재시제를 사용하게 됩니다. 우리가 일상 생활에서 새로운 사람을 만나 그에 대해 묻고 답할 기회가 그리 많지 않기에 상대적으로 현재시제는 적게 사용됩니다. 오히려 과거와 미래 사건에 대해 물어보는 경우가 많기 때문에 과거시제와 미래시제가 더 빈번하게 사용됩니다.

현재시제의 모양은 동사의 현재형을 사용하면 됩니다.

〈Be동사〉

Be동사의 경우 현재형 am, are, is를 사용하면 됩니다.

> I am a student.
>
> You are tall.
>
> She is beautiful.
>
> This car is expensive.

의문문의 경우 Be동사가 앞으로 나오면 됩니다.

> Are you tall?
>
> Is this car expensive?
>
> Is she beautiful?

07 현재시제

〈일반동사〉

일반동사의 경우 주어의 뒤에 동사의 현재형 go, eat, drink, speak, read, cook 등이 나옵니다.

I go to work.

She eats raw fish.

He speaks English.

You cook.

의문문의 경우 Do/Does가 주어 앞에 나옵니다.

Do I go to work?

Does she eat raw fish?

Does he speak English?

Do you cook?

예제로 이해하기

 현재시제 연습

앞에서 말한 바와 같이 현재시제는 주어의 사실, 습관을 표현합니다. 주어 다음에 동사의 현재형을 사용하면 됩니다. 현재시제 문장을 평서문과 의문문을 통해 연습해 보겠습니다.

1) 평서문

I get up at 7:00 am.(나는 아침 일곱 시에 일어난다.)

2) Do 의문문

Do you get up at 7:00 am?(너는 아침 일곱 시에 일어나니?)

3) WH 의문문

What time do you get up?(너는 몇 시에 일어나니?)

시간을 묻는 질문이기에 Do동사 의문문에 있는 시간(일곱 시)이 생략되어야 합니다. WH 질문(3번)에 대한 답변은 위의 1번 평서문에 있는 문장이 바로 답이 됩니다. 즉 답변을 통해 질문을 만들 수 있고 그 질문 속에 답변의 대부분이 포함되어 있습니다. 또 다른 예를 보겠습니다.

1) 평서문

I read books in my free time.

2) Do 의문문

Do you read books in your free time?

07 현재시제

3) WH 의문문

What do you do in your free time?

2번 Do 의문문에 What을 붙여 질문을 만들 때, '여가 시간에 무슨 일을 하니?'의 뜻으로 동사 read books를 동사 do로 바꾸어야 합니다. 또 '무슨 책을 읽니?'라고 하려면 What books do you read?라고 하면 됩니다.

현재시제 문장의 활용 예

평서문	부정문	의문문
I am happy. I am in love with you. You are sick. He is a doctor. She is beautiful. It is rainy. They are Korean.	I am not happy. I am not in love with you. You aren't sick. He isn't a doctor. She isn't beautiful. It isn't rainy. They aren't Korean.	Are you happy? Are you in love with me? Are you sick? Is he a doctor? Is she beautiful? Is it rainy? Are they Korean?
I go to school. I eat breakfast everyday. You take a walk. He studies English. She smokes. It runs fast. They eat meat.	I don't go to school. I don't eat breakfast everyday. You don't take a walk. He doesn't study English. She doesn't smoke. It doesn't run fast. They don't eat meat.	Do you go to school? Do you eat breakfast everyday? Do you take a walk? Does he study English? Does she smoke? Does it run fast? Do they eat meat?

영어회화의 정석

Speak up!

✏️ Be동사, Do동사 의문문 연습

앞에서 배운 Be동사와 Do동사에서의 내용들이 모두 현재시제입니다.
여기서는 앞에서 배운 것을 복습한다는 기분으로 현재시제를 다시 연습하세요.

Be동사 문장

1. 너 행복하니?
   Are you happy?
2. 너 춥니?
   Are you cold?
3. 넌 만족해?
   Are you satisfied?
4. 너 배고파?

5. 너 한국인이야?

6. 너 요리 잘 해?
   Are you a good cook?
7. 너 수영 잘 해?
   Are you a good swimmer?
8. 너 건강해?

9. 너 졸려?

Do동사 문장

1. 너 커피 마시니?
   Do you drink coffee?
2. 너 일해?
   Do you work?
3. 너 일찍 일어나니?
   Do you get up early?
4. 너 영어 공부해?

5. 너 동물 좋아해?

6. 너 개 좋아해?

7. 너 음악 좋아해?

8. 너 공포 영화 좋아해?

9. 너 중국음식 좋아해?

07 현재시제

10. 너 깨어 있어? (awake)

11. 너 외롭니?

12. 너 슬퍼?

13. 너 끝났어? (done)

14. 너 괜찮아?

15. 너 바쁘니?

16. 너 확실해?

17. 너 의사니?

18. 너 선생님이니?

19. 너 경찰이니?

20. 너 할 거야? (들어올 거야?)
Are you in?

21. 너 빠질 거야?
Are you out?

22. 너 미쳤어?

23. 너 빨라?

24. 그녀는 예뻐?
Is she pretty?

10. 너 학교 가니?

11. 너 교회 가니?

12. 너 쇼핑 가니?

13. 너 아침 먹니?

14. 너 신문 읽니?

15. 너 인터넷 해?
Do you surf the internet?

16. 너 운동 해?

17. 너 시간 있어?
Do you have time?

18. 너 계획 있어?

19. 너 휴가 있어?

20. 너 그 남자 알아?

21. 너 그 남자 좋아해?

22. 너 영어 말해?

23. 너 운전해?

24. 너 요리해?

25. 그녀는 날씬해?

26. 그녀는 똑똑해?

27. 그녀는 간호사야?

28. 그녀는 시끄러워?

29. 그녀는 안전해?

30. 그녀는 섹시해?

31. 그는 키가 커?

32. 그는 부자야?

33. 그는 근육질이야? (muscular)

34. 그는 친절해?

35. 그는 원만해? (easy going)

36. 그는 까다로워? (picky)

37. 그는 젊어?

38. 그는 나이가 많아?

39. 그는 재미있어?

25. 너 내 도움 필요해?

26. 너 내 도움을 원하니?

27. 너 마실 거 원해?
Do you want something to drink?

28. 너 먹을 거 원해?
Do you want something to eat?

29. 너 읽을 거 원해?
Do you want something to read?

30. 너 입을 거 원해?
Do you want something to wear?

31. 너 반바지를 입니?
Do you wear shorts?

32. 너 정장을 입니? (suits)

33. 너 그녀를 아니?

34. 너 그녀를 믿니?

35. 너 그녀를 돕니?

36. 너 회 좋아해? (raw fish)

37. 너 공부 열심히 하니?

38. 너 늦게 자러 가니?

39. 너 낚시 가? (go fishing)

07 현재시제

40. 그는 후하니? (generous)

41. 불가능해?
Is it impossible?

42. 늦었어?
Is it late?

43. 비싸?

44. 어려워?

45. 흥미로워?

46. 지겨워?

47. 교육적이야?(educational)

48. 위험해?

49. 고장 났어?(broken)

50. 복잡해?

40. 너 애완동물 있니?

41. 너 부모님 방문하니?

42. 너 아이들 있니?

43. 너 이해하니?

44. 너 집에서 사니?

45. 너 내가 그립니? (miss)

46. 너 내 전화번호 가지고 있니?

47. 너 아이들을 가르치니?

48. 너 영어를 가르치니?

49. 너 음악을 연주하니?

50. 너 여자친구 있니?

What 의문문 연습 – 질문하기

다음의 질문들에 나오는 패턴을 외워 자신의 것으로 만들고 그 답변도 해 보기 바랍니다. 꾸준한 반복 연습을 한다면 바로 바로 질문과 답변이 나올 것입니다.

What do you usually do on the weekend?
주말에 주로 무엇을 하세요?

What do you usually do at night?

What do you usually do in the morning?

What do you usually do after work?

What do you usually do on Saturday night?

What do you usually do on Sundays?

What do you usually do after this class?

What do you usually do with your friends?

What do you usually do after dinner?

What do you usually do when you are at home?

What do you usually do when you go shopping?

07 현재시제

What do you usually do in your free time?

What do you usually do on your birthday?

What do you usually do on Valentine's Day?

빈도부사인 always(늘, 항상), usually(주로, 보통), often(종종), hardly(거의 ~않는), never 등은 Be동사 뒤 또는 일반동사 앞에 나와서 동사의 빈번한 정도를 나타내 줍니다. 빈도부사가 들어갈수록 문장은 더 자세해 집니다.

What do you do at night?

너는 밤에 뭐하니?

➡ What do you usually do at night?

너는 밤에 주로 뭐하니?

usually(주로)를 넣음으로서 문장이 좀 더 자세해집니다.

What 의문문 연습 - 답해 보기

What do you usually do on the weekend?
주말에 주로 무엇을 하세요?

주말에 주로 무엇을 하는지를 생각해 보고 대답해 봅시다. 특히 맞는 동사를 찾아야 한다는 것을 명심하세요.

예문

저는 교회에 가요.	I go to church.
저는 도서관에 가요.	I go to the library.
저는 등산을 해요.	I go hiking.
저는 낮잠을 자요.	I take a nap.

저는 외식을 해요.

저는 일해요.

저는 영어를 공부해요.

저는 영화를 봐요.

저는 데이트를 해요.

저는 쇼핑을 가요.

저는 여행을 해요.

저는 운동을 해요.

저는 친구들을 만나요.

저는 학교를 가요.

저는 아무것도 안 해요.

☞ 모범 답안 P.263

07. 현재시제

07 현재시제

What do you usually do at night?
밤에 주로 무엇을 하세요?

예문

저는 TV를 봐요.   I watch TV.

저는 배드민턴을 쳐요.

저는 온라인 쇼핑을 해요.

저는 친구랑 전화통화를 해요.

저는 일기를 써요

저는 샤워를 해요.

저는 일찍 자러 가요.

저는 책을 읽어요.

What do you usually do in the morning?
아침에 주로 무엇을 하세요?

예문

저는 신문을 읽어요.   I read newspapers.

저는 얼굴을 씻어요.

저는 아침을 만들어요.

저는 옷을 입어요(put on).

저는 일하러 가요.

저는 음악을 들어요.

저는 아침을 먹어요.

저는 조깅을 해요.

저는 커피를 마셔요.

☞ 모범 답안 P.263

영어회화의 정석

What do you usually do on Christmas Day?
크리스마스에 주로 무엇을 하세요?

저는 교회에 가요.
저는 집에 있어요.
저는 외식을 해요.
저는 일해요.
저는 영화를 봐요.
저는 데이트를 해요.
저는 쇼핑을 가요.
저는 여행을 해요.
저는 운동을 해요.
저는 친구들을 만나요.
저는 아무것도 안 해요.

I go to church.
I stay home.

What do you usually do on your day off?
쉬는 날에는 주로 무엇을 하세요?

저는 TV를 봐요.
저는 조깅을 해요.
저는 쇼핑을 해요.
저는 부모님을 방문해요.
저는 낮잠을 자요.
저는 친구들을 만나요.
저는 책을 읽어요.
저는 등산을 해요.
저는 사진을 찍어요.

☞ 모범 답안 P.263

07. 현재시제

07 현재시제

What do you usually do when it is rainy?
비가 오면 주로 무엇을 하세요?

예문

저는 드라이브를 가요.	I go for a drive.
저는 요리를 해요.	
저는 하루종일 자요.(all day long)	
저는 집을 청소해요.	
저는 술을 마셔요.	
저는 음악을 들어요.	
저는 그림을 그려요.	
저는 차를 마셔요.	
저는 커피를 마셔요.	
저는 책을 읽어요.	
저는 노래를 불러요.	
저는 피아노를 연주해요.	
저는 기타를 연주해요.	

What do you usually do on Parents Day?
어버이날에는 주로 무엇을 하세요?

예문

저는 부모님을 방문합니다.
저는 선물을 삽니다.
저는 외식을 합니다.

모범 답안 P.263

What do you usually do on your summer vacation?
여름휴가 때는 주로 무엇을 하세요?

저는 여행을 갑니다.

저는 집에서 쉽니다.

저는 책을 읽습니다.

What do you usually do after work?
일이 끝나면 주로 무엇을 하세요?

저는 집에 갑니다.

저는 저녁을 먹습니다.

저는 아이들과 놉니다.

What do you usually do on Saturday nights?
토요일 밤에는 주로 무엇을 하세요?

저는 컴퓨터 게임을 합니다

저는 친구들과 놉니다(hang out with).

저는 영화를 봅니다.

What do you usually do on Sundays?
일요일에는 주로 무엇을 하세요?

저는 낮잠을 잡니다.

저는 드라이브를 갑니다.

저는 낚시하러 갑니다.

☞ 모범 답안 P.263~P.264

07. 현재시제

07 | 현재시제

What do you usually do after this class?
이 수업이 끝나면 주로 무엇을 하세요?

저는 점심을 먹습니다.
저는 친구들과 커피를 마십니다.
저는 숙제를 합니다.

What do you usually do with your friends?
친구들과 주로 무엇을 하세요?

우리는 저녁을 먹습니다.
우리는 술을 마십니다.
우리는 컴퓨터 게임을 합니다.

What do you usually do after dinner?
저녁식사 후에는 주로 무엇을 하세요?

저는 이를 닦습니다.
저는 과일을 먹습니다.
저는 산책을 합니다.

What do you usually do when you are at home?
집에 있을 때는 주로 무엇을 하세요?

저는 휴식을 취합니다.
저는 인터넷을 합니다. (surf the internet)
저는 그림을 그립니다.

모범 답안 P.264

What do you usually do when you go shopping?

쇼핑을 할 때는 주로 무엇을 하세요?

저는 옷을 삽니다.

저는 식료품을 삽니다.

저는 친구들과 시간을 보냅니다.

What do you usually do in your free time?

시간이 나면 주로 무엇을 하세요?

저는 음악을 듣습니다.

저는 요리를 합니다.

저는 아무것도 하지 않습니다.

What do you usually do when you are sick?

몸이 아플 때는 주로 무엇을 하세요?

저는 잠을 잡니다.

저는 병원에 갑니다. (go to see a doctor)

저는 차를 많이 마십니다.

What do you usually do when you are happy?

기쁠 때는 주로 무엇을 하세요?

저는 노래를 부릅니다.

저는 친구와 놉니다.

저는 쇼핑을 갑니다.

☞ 모범 답안 P.264

07. 현재시제

07 현재시제

What do you usually do when you are sad?
슬플 때는 주로 무엇을 하세요?

저는 커피를 마십니다.

저는 아무것도 하지 않습니다.

저는 웁니다.

What do you usually do when you are angry?
화가 났을 때는 주로 무엇을 하세요?

저는 길게 심호흡을 합니다.

저는 간식을 먹습니다.

저는 음악을 듣습니다.

What do you usually do when you get bored?
지루할 때는 주로 무엇을 하세요?

저는 영화를 봅니다.

저는 인터넷을 합니다. (surf the internet)

저는 친구와 통화를 합니다.

What do you usually do when you are tired?
피곤할 때는 주로 무엇을 하세요?

저는 집에서 쉽니다.

저는 비타민을 복용합니다.

저는 낮잠을 잡니다.

☞ 모범 답안 P.264

What do you usually do when you are nervous?

긴장이 될 때는 주로 무엇을 하세요?

저는 음악을 듣습니다.

저는 요리를 합니다.

저는 차를 마십니다.

☞ 모범 답안 P.265

 대화 문장 만들어 보기

현재시제를 이용한 대화를 만들어 보겠습니다.
예문을 보고 직접 두 사람의 대화를 만들고 연습해 보세요.

A : 크리스마스에 주로 뭐하세요?

B : 저는 주로 친구들을 만나요.

A : 친구들과 무엇을 합니까?

B : 시내에서 놀아요.

A : 그밖에는요?

B : 저희들은 레스토랑에서 저녁을 먹어요.

A : 그리고 나서는요?

B : 영화 보러 가요.

A : 무슨 영화를 주로 보세요?

B : 저희들은 로맨틱 코미디를 즐겨요.

A : What do you usually do on Christmas day?

B : I usually meet my friends.

A : What do you do with your friends?

B : We hang out downtown.

A : What else?

B : We have dinner at a restaurant.

A : And then?

B : We go to the movie.

A : What movies do you usually watch?

B : We enjoy romantic comedies.

07. 현재시제

07 현재시제

A : 쉬는 날에는 주로 뭐하세요?
B : 저는 주로 집에 있습니다.
A : 집에서 무엇을 하세요.
B : 저는 집안 청소를 합니다.
A : 그리고요?
B : 오후에는 주로 쉽니다.
A : 무엇을 하시면서요?
B : 책을 읽거나 음악을 듣습니다.
A : 그게 전부입니까?
B : (그리고) 낮잠을 푹 잡니다.

A : What do you usually do on your day off?
B : I usually stay home.
A : What do you do at home?
B : I clean the house.
A : And?
B : I usually take a rest in the afternoon.
A : Doing what?
B : Reading books or listening to music.
A : Is that all?
B : I take a long nap.

A : 주말에 주로 뭐하세요?
B : 저는 주로 책을 읽습니다.
A : 어디서 책을 읽으세요?
B : 저는 공원에서 책을 읽습니다.
A : 언제 책을 읽으세요?
B : 저는 주로 일요일 오후에 책을 읽습니다.
A : 무슨 책을 주로 읽으세요?
B : 저는 주로 역사소설 책을 읽습니다.
A : 한 달에 몇 권의 책을 읽으세요?
B : 저는 한 달에 여섯 권의 책을 읽습니다.

A : What do you usually do on weekends?
B : I usually read books.
A : Where do you read books?
B : I read books in the park.
A : When do you read books?
B : I usually read books on Sunday afternoon.
A : What books do you usually read?
B : I usually read history novels.
A : How many books do you read a month?
B : I read six books a month.

A : 밤에 주로 뭐하세요?

B : 저는 주로 TV를 봅니다.

A : 무슨 TV 프로를 보나요?

B : 저는 스포츠와 뉴스를 즐깁니다.

A : 몇 시에 TV를 보세요?

B : 저는 아홉 시에서 열한 시까지 봅니다.

A : 그 후에는 무엇을 하십니까?

B : 저는 책을 잠깐 읽고 나서 잡니다.

A : What do you usually do at night?

B : I usually watch TV.

A : What TV shows do you watch?

B : I enjoy sport shows and news.

A : What time do you watch TV?

B : I watch TV from 9 to 11 pm.

A : What do you do after that?

B : I read books a little and go to bed.

07 | 현재시제

✏️ 현재시제 연습

앞에서 했던 패턴과 같습니다. 다음의 문장들을 가지고 여러분만의 대화들을 직접 만들어 보세요.

What do you usually do on Christmas Day?

What do you usually do on your summer vacation?

What do you usually do on your day off?

What do you usually do when it is rainy?

What do you usually do when you are sick?

What do you usually do when you are happy?

What do you usually do when you are sad?

What do you usually do when you are angry?

What do you usually do when you are drunk?

What do you usually do when you get bored?

What do you usually do when you are scared?

What do you usually do when you are tired?

What do you usually do when you are nervous?

모든 질문에 답변을 하려고 노력하세요. 주어와 원하는 동사만 집어 넣으면 됩니다. 질문의 패턴을 그대로 외워 바로 입에서 튀어나올 정도로 연습하세요.

☞ 모범답안 P.265

 쉬어가기

외국인 강사들에 대한 사적인 생각

어학원을 운영하다 보니 외국인 원어민 강사들을 주기적으로 채용하게 됩니다. 그 덕분에 지방에서도 외국인을 보는 일이 그다지 드문 일도 아니죠. 불과 십여 년 전만 하더라도 지방에서는 외국인 보는 일이 흔하지 않았는데 말이죠.

어학원을 운영하다 보니 자녀의 부모님들이 꼭 외국인들에 대해서 물어봅니다. 그리고 어떤 부모들은 외국인과의 수업을 더 원하고 어떤 부모들은 외국인과의 수업을 원하지 않기도 합니다.
이에 대한 솔직한 제 생각은 외국 원어민 강사들은 아이들 영어 실력에 별다른 도움이 되지 못한다는 것입니다. 그나마 외국인 원어민이 도움이 되는 것은 'A,B,C 파닉스'와 프리토킹 같은 고급 수준의 회화에 한정되어 있다고 생각합니다.

파닉스의 경우도 실력 있는 우리나라 강사들이 원어민보다 훨씬 낫다고 생각합니다. 대부분의 아이들 영어 레벨이 입문에서 중급까지, 즉 초급에 머무는데 이 실력을 중급 이상까지 향상시키는 데 가장 효과적인 것은 실력 있는 한국강사들입니다. 영어로 대화도 안 되고 이해도 잘 안 되는데 원어민 강사를 붙여 교육을 하면 실제로 Speaking 반이 회화 반이 아니라 책을 따라 읽는 Reading 반에 지나지 않게 됩니다. 아이들이 그 책을 철저히 외우지 않는 한 실제로 외국인과 말 한마디 나누기 힘들고 상황에 따른 응용 문장을 만드는 것은 기대조차 할 수 없습니다. 맨날 하는 대답은 yes, no 같이 단답형에 그치고 맙니다. 또한 "How are you?"라고 물으면 "I'm fine, thanks and you?"라고 로봇처럼 암기한 대답밖에 하지 못합니다.

또 한가지 안타까운 일은 전국의 많은 초등학교, 중학교, 고등학교에서 외국인 원어민을 고용하는 것입니다. 일주일에 한번 대략 45분에서 50분 정도 원어민 Speaking 교육을 프로그램으로 집어넣는 데 일주일에 다섯 번을 해도 효과가 있을까 말까 한데 겨우 한번을 양념처럼 끼어넣는 지금의 이 교육은 정말 국민 세금의 낭비라고 생각되지 않을 수 없습니다. 원어민을 활용하는 교육은 아이들이 외국에 장기간 머물렀거나 어학연수를 갔다 와서 어느 정도 영어실력이 되는 가운데에 그 실력을 유지하고 더 키우기 위해 프리토킹이 가능한 상황에서 효과를 볼 수 있습니다. 이 말을 바꿔 생각하면 프리토킹까지 실력을 향상시킬 수 있는 것은 실력 있는 한국인 강사와 어학 커리큘럼에 있다고 생각합니다.

결론은 학원들이 외국 원어민 강사들을 홍보용으로 비싸게 고용하면서도 아이들의 영어교육에는 시간 대비 가장 적은 효과를 가져온다는 것입니다. 원어민 강사들에 대한 냉철한 분석과 판단이 필요하다고 생각됩니다.

Chapter 8
과거시제

Step 1 가볍게 읽기

Step 2 예제로 이해하기
    과거시제 연습 – 문장 만들기
    과거시제 연습 – 부정문, 의문문

Step 3 Speak up!
    과거시제 연습 – 답하기 1
    과거시제 연습 – 답하기 2
    과거시제 연습 – 답하기 3

Step 4 심화 학습
    과거시제 연습 – 묻고 답하기

04 | Be동사

08 | 과거시제

가볍게 읽기

우리 일상생활을 상상해 보십시오. 여러분이 하루 동안 쓰는 말이 주로 어느 시제에 속해 있을까요? 현재? 미래? 과거? 친구를 만났을 때는 '했니? 어땠어? 그랬어? 했지?' 등 이전에 있었던 일(이미 벌어진 일)을 주로 얘기하기에 과거형이 많습니다. 이것은 우리나라뿐만 아니라 외국 또한 마찬가지라 할 수 있습니다. 시제 중 과거형이 가장 빈번하게 사용된다는 것을 명심하고 이 순간부터 동사의 과거형을 철저히 외워야 할 것입니다. 동사의 형태가 시제를 정하기에 각각의 동사들은 원형, 현재, 과거, 과거분사 형들로 나눠집니다. Be동사의 경우 원형과 현재형이 모양이 다르지만 일반동사의 경우 원형과 현재형은 동일합니다. 과거시제의 경우 특정한 과거 시간(yesterday, this morning, 10 years ago, last weekend 등)이 함께 쓰입니다.

〈Be동사〉

원 형	현재	과거	과거분사
be	am	was	been
	are	were	
	is	was	

Be동사 과거시제는 Be동사 과거형(was, were)을 주어 뒤에 쓰고 특정한 과거 시간을 넣어주면 됩니다.

I was happy yesterday.

You were angry 10 minutes ago.

She was beautiful when she was young.

의문문의 경우 Be 동사의 과거형(was, were)이 주어 앞에 나오면 됩니다.

Were you happy yesterday?

Was she beautiful when she was young?

〈일반동사〉

일반동사의 경우 각 동사마다 과거와 과거분사 형태를 가집니다.

현재	과거	과거분사
go	went	gone
eat	ate	eaten
drink	drank	drunk
speak	spoke	spoken
read	read	read
study	studied	studied
do	did	done

08 과거시제

일반동사의 경우 주어 다음에 동사의 과거형을 사용하고 특정한 과거 시간을 사용하면 과거시제가 만들어 집니다.

>   I went to work yesterday.
>
>   She ate raw fish this morning. (raw fish 생선회)
>
>   He studied English last weekend.

의문문의 경우 일반동사 의문문을 만드는 Do의 과거형 Did를 주어 앞에 사용하고 뒤의 동사는 과거에서 현재형으로 바꿔 준 다음(즉 앞의 do가 did로 대신 변해 주었으니 뒤에는 과거로 바꿔 줄 필요가 없다고 생각하세요.) 특정한 과거 시간을 넣어주면 됩니다.

>   Did you go to work yesterday?
>
>   Did she eat raw fish today?
>
>   Did he speak English last weekend?
>
>   Did you cook this?

일상생활에 가장 많이 쓰이는 시제가 과거시제라는 것을 명심하고 동사를 익힐 때마다 과거, 과거분사를 반드시 외워두세요. 그리고 과거시제로 묻고 답할 때 해당 과거 시간을 반드시 넣어 정확한 과거 시점을 표시해 주어야 합니다. '너 어제 뭐했어? / 너 오늘 아침 뭐 먹었어? / 너 어젯 밤에 뉴스 봤어?' 모두 yesterday, this morning, last night이라는 특정한 과거가 들어가 있어 막연한 과거가 아닌 정확한 과거 시점을 표현해 줍니다.

예제로 이해하기

📝 과거시제 연습 – 문장 만들기

과거 특정한 시점에 일어난 행위나 상태를 표현하며 동사의 과거형이 사용됩니다. 과거시제에는 세 가지 기본 규칙이 있습니다.
첫 번째는 특정한 과거 시간이 필요하다는 것입니다. 특정한 과거 시점을 나타내는 단어를 빼면 그저 막연한 과거가 되어 애매모호한 문장이 됩니다.
두 번째는 일반동사의 의문문이나 부정문의 경우 do의 과거인 did 또는 didn't가 필요하다는 것입니다. Be동사의 경우 was, were 또는 wasn't, weren't를 사용합니다.
세 번째는 일반동사의 평서문의 경우 그 동사의 과거형을 사용합니다.

go - went / do - did / see - saw / eat - ate / watch - watched / have - had / take - took / play - played / sleep - slept

과거문장의 활용 예

평서문	부정문	의문문
I was happy yesterday.	I wasn't happy yesterday.	Were you happy yesterday?
It was rainy this morning.	It wasn't rainy this morning.	Was it rainy this morning?
I was sick last week.	I wasn't sick last week.	Were you sick last week?
I went to school today.	I didn't go to school today.	Did you go to school today?
I had dinner.	I didn't have dinner.	Did you have dinner?
I studied English today.	I didn't study English today.	Did you study English today?
Tom met Jessica last night.	Tom didn't meet Jessica last night.	Did Tom meet Jessica last night?
I slept well.	I didn't sleep well.	Did you sleep well?
I read a book after work today.	I didn't read a book after work today.	Did you read a book after work today?
I saw that movie last month.	I didn't see that movie last month.	Did you see that movie last month?

08 과거시제

* 현재시제와 과거시제의 차이점

현재시제는 현재의 습관을 묻습니다. 예를 들어 Do you have breakfast?라고 하면 평소에 아침을 먹는지 습관을 물어보는 것입니다.

Do you go to school?

What do you do after this class?

I usually get up at 6 a.m.

I go shopping every weekend.

I visit my parents once a month.

이에 반해 과거시제는 과거의 행위 사실에 대해 물어봅니다. Did you have breakfast?라고 하면 과거 아침을 먹었는지 행위 사실에 대해 물어보는 것이죠. 일반적으로는 이 뒤에 사건이 일어난 과거 시점을 나타내는 구문, 즉 this morning 또는 today 등이 옵니다.

Did you go to school today?

What did you do after this class yesterday?

I got up at 7 this morning.

I went shopping last weekend.

I visited my parents last month.

과거시제 연습 – 부정문, 의문문

평서문의 끝에 yesterday, last weekend, two days ago, last Saturday 등 해당 과거 시간을 넣으면 더욱 자연스럽게 됩니다. 부정문의 예문에서 다른 단어들을 넣어 다양하게 활용해 보세요.

부정문

I didn't want

I didn't read

I didn't know

I didn't understand

I didn't watch

I didn't drink

I didn't speak

I didn't have

I didn't collect

I didn't buy

I didn't need

I didn't hate

I dldn't go to

I didn't play

I didn't wear

I didn't hit

I didn't study

I didn't sell

I didn't do

I didn't travel to

I didn't clean

I didn't meet

I didn't visit

I didn't ride

I didn't miss

I didn't take

I didn't drive

I didn't make

I didn't kiss

I didn't cook

I didn't spend

I didn't build

I didn't send

I didn't rent

08 과거시제

I didn't wash	I didn't envy
I didn't write	I didn't feel
I didn't owe	I didn't use
I didn't enjoy	I didn't run

의문문의 예문에서 다른 단어들을 넣어 다양하게 활용해 보세요.

의문문

Did you know	?	Did you hit	?
Did you understand	?	Did you study	?
Did you watch	?	Did you sell	?
Did you drink	?	Did you do	?
Did you speak	?	Did you travel to	?
Did you have	?	Did you clean	?
Did you collect	?	Did you meet	?
Did you buy	?	Did you visit	?
Did you need	?	Did you ride	?
Did you hate	?	Did you miss	?
Did you go to	?	Did you take	?
Did you play	?	Did you drive	?
Did you wear	?	Did you make	?

Did you kiss	?	Did you write	?
Did you cook	?	Did you owe	?
Did you spend	?	Did you enjoy	?
Did you build	?	Did you envy	?
Did you send	?	Did you feel	?
Did you rent	?	Did you use	?
Did you wash	?	Did you run	?

Speak up!

과거시제 연습 – 답하기 1

여러분 자신만의 대답을 만들어 보세요.

What did you do last weekend?

What did you do last night?

What did you do this morning?

What did you do after work ?

What did you do last Saturday night?

What did you do last Sunday?

What did you do after this class yesterday?

What did you do with your friends today?

What did you do after dinner today?

What did you do when you were at home last weekend?

_____

What did you do when you went shopping today?

_____

What did you do in your free time yesterday?

_____

08 과거시제

과거시제 연습 – 답하기 2

What did you do last weekend? (지난 주말에 무엇을 했니?)
이 물음에 대해 지난 주말에 주로 무엇을 하는지를 생각해 보고 대답해 봅시다. 특히 맞는 동사를 찾아 그 과거형을 사용해야 한다는 것을 명심하세요.

예문

저는 교회에 갔어요.	I went to church.
저는 도서관에 갔어요.	I went to the library.
저는 등산을 했어요.	I went hiking.
저는 낮잠을 잤어요.	I took a nap.

저는 외식을 했어요.

저는 일했어요.

저는 영어를 공부했어요.

저는 영화를 봤어요.

저는 데이트를 했어요.

저는 쇼핑을 갔어요.

저는 여행을 했어요.

저는 운동을 했어요.

저는 친구들을 만났어요.

저는 학교를 갔어요.

저는 아무것도 안 했어요.

☞ 모범답안 P.265

What did you do last night?

 저는 TV를 봤어요. I watched TV.

저는 배드민턴을 쳤어요.
저는 온라인 쇼핑을 했어요.
저는 친구랑 전화통화를 했어요.
저는 일기를 적었어요.
저는 샤워를 했어요.
저는 일찍 자러 갔어요.
저는 책을 읽었어요.

What did you do this morning?

저는 신문을 읽었어요. I read newspapers.

저는 얼굴을 씻었어요.
저는 아침을 만들었어요.
저는 옷을 입었어요.
저는 일하러 갔어요.
저는 음악을 들었어요.
저는 아침을 먹었어요.
저는 조깅을 했어요.
저는 커피를 마셨어요.

☞ 모범답안 P.265

08. 과거시제

08 과거시제

과거시제 연습 – 답하기 3

What did you do after work?

저는 집에 갔어요.

저는 저녁을 먹었어요.

저는 아이들과 놀았어요.

What did you do last Saturday night?

저는 컴퓨터 게임을 했어요.

저는 친구들과 놀았어요(hang out with).

저는 영화를 봤어요.

What did you do last Sunday?

저는 낮잠을 잤어요.

저는 드라이브를 갔어요.

저는 낚시를 갔어요.

What did you do after this class yesterday?

저는 점심을 먹었어요.

저는 친구와 커피를 마셨어요.

저는 숙제를 했어요.

모범답안 P.265~P.266

What did you do with your friends today?

우리들은 저녁을 먹었어요.

우리들은 술을 마셨어요.

우리들은 쇼핑을 했어요.

What did you do after dinner?

저는 이를 닦았어요.

저는 과일을 먹었어요.

저는 산책을 했어요.

What did you do when you were at home last weekend?

저는 휴식을 취했어요.

저는 인터넷을 했어요.(surf the internet)

저는 그림을 그렸어요.

What did you do in your free time yesterday?

저는 음악을 들었어요.

저는 요리를 했어요.

저는 아무것도 하지 않았어요.

☞ 모범답안 P.266

08 과거시제

심화 학습

✏️ 과거시제 연습 – 묻고 답하기

과거시제를 이용한 대화를 만들어 보겠습니다.
예문을 보고 직접 두 사람의 대화를 만들고 연습해 보세요.

A : 지난 주말에 뭐 했어?	A : What did you do last weekend?
B : 나 책을 읽었어.	B : I read a book.
A : 무슨 책을 읽었어?	A : What book did you read?
B : 어린 왕자를 읽었어.	B : I read 'A Little Prince'.
A : 어디서 책을 읽었어?	A : Where did you read the book?
B : 나는 공원에서 책을 읽었어.	B : I read it in the park.
A : 몇 시에 책을 읽었어?	A : What time did you read the book?
B : 나는 오후 두 시쯤에 책을 읽었어.	B : I read the book around 2 p.m.
A : 얼마 동안 책을 읽었어?	A : How long did you read the book?
B : 나는 세 시간 정도 책을 읽었어.	B : I read the book for three hours.
A : 누구랑 함께 있었어?	A : Who were you with?
B : 나는 혼자였어.	B : I was alone.
A : 책은 어땠어.	A : How was the book?
B : 매우 재미있었어.	B : It was very interesting

A : 어젯 밤에 뭐했어?

B : TV를 봤어.

A : 무슨 TV 쇼를 봤어?

B : 만화를 봤어.

A : 무슨 만화를 봤어?

B : 톰과 제리를 봤어.

A : 몇 시에 봤어?

B : 열 시에 봤어.

A : 몇 시간 봤어?

B : 한 시간 봤어.

A : 만화 어땠어?

B : 좋았어.

A : What did you do last night?

B : I watched TV.

A : What TV show did you watch?

B : I watched a cartoon.

A : What cartoon did you watch?

B : I watched 'Tom and Jerry'.

A : What time did you watch?

B : I watched it at 10.

A : How many hours did you watch?

B : I watched for an hour.

A : How was it?

B : It was good.

 쉬어가기

미국에서의 실수 둘
- "Coming?" 혹은 "Come in?"

미국으로 어학 연수를 떠난 지 3일 만에 생긴 에피소드인데 나름대로 의미(?)있는 경험이었습니다. 원룸 기숙사에서 빨래를 하러 내려갔다가 열쇠를 깜빡 안에다 두고 문을 잠가 버린 적이 있었습니다. 밤 11시가 넘어 기숙사 관계자들은 다 퇴근한데다가 아는 사람도 없고 영어도 서툴러 어떻게 해야 할지 눈앞이 깜깜해졌습니다.

이대로 밖에서 밤을 새어야 하나 문 앞에서 암담해하고 있는데 마침 지나가는 학생 한 명이 다가와서 무슨 문제가 있냐고 묻더군요. 그는 내 사정을 알고는 각층마다 Resident Advisor(거주하면서 도움을 주는 학생)가 있다고 하면서 그곳에 가보면 여분의 키가 있을 거라고 친절하게 도와주더군요. 그래서 용기를 내어 RA라고 쓰여져 있는 방을 찾았고 방문 앞에서 길게 심호흡을 하였습니다. 영어가 짧은 관계로 도대체 이 상황을 어떻게 설명하고 위기를 타파할지 긴장되는 가운데에 노크를 하였습니다.

그런데 안에서 "커밍"이라고 하는 여자의 목소리가 가늘게 -문이 두꺼워- 들려오더군요. 저는 주저하지 않고 문 손잡이를 돌리고 방문을 열었습니다. 그런데 맙소사! 그 안에는 샤워를 하고 막 나와 긴 타월로 몸을 가리려는 젊은 여학생이 보이더군요. 전 너무 당황해서 문을 쾅 닫아 버렸습니다. 그런데 문을 닫고 나자 제가 엄청난 실수를 했다는 것을 깨달았습니다. 그 상황에서 미안하다는 말을 했어야 하는데 그냥 문을 닫은 거죠. 그래서 저는 용감하게 다시 문을 열고 그녀에게 'I am sorry!'라고 정중하게 사과를 하고 문을 닫았습니다.

잠시 후에 그녀가 나와 어이없다는 표정으로 말하더군요. 'I said I am coming!' 이라고. 저는 coming과 come in의 차이를 구분 못했던 것이죠. Coming.은 I am coming.의 줄임말로 '나 지금 가고 있는 중이다.'(그러니 기다려)라는 뜻인데 이것을 Come in. (들어와)으로 잘못 알아 들었던 거죠. 영어가 짧았던 제가 두꺼운 문 안에서 들리던 비슷한 발음의 소리를 어떻게 구분하겠습니까?

즉 저의 실수는 타당했다는 거죠. 아무튼 그녀의 '차가운' 도움으로 문을 열고 노숙을 피하게 되었죠. 외국에 가면 누구나 실수를 할 수 있습니다. 영어로 인해 생기는 실수들을 뼈가 되고 살이 되는 영양분으로 생각하고 영어 실력 향상에 긍정적으로 받아들이세요.

Chapter 9
미래시제

Step 1 가볍게 읽기

Step 2 예제로 이해하기

   Be going to 동사원형 구문 활용법

   Be동사 + -ing 구문 활용법

   Will + 동사원형 구문 활용법

Step 3 Speak up!

   Be going to 동사원형 구문 활용법

   Be동사 + -ing 구문 활용법

   Will + 동사원형 구문 활용법

   종합 연습

Step 4 심화 학습

   Be going to 동사원형 구문

   Be동사 + -ing 구문

   Will + 동사원형 구문

   미래시제 연습 – 답하기 1

   미래시제 연습 – 답하기 2

   미래시제 연습 – 묻고 답하기

09 미래시제

가볍게 읽기

미래시제의 경우 앞으로 일어날 사건이나 행위에 대한 표현을 나타냅니다. 미래시제의 경우 과거시제와 달리 동사의 미래형이 따로 존재하지는 않습니다. 대신 다음의 세 가지 형태에 동사원형을 집어 넣어 미래시제를 표현하게 됩니다.

(1) Be동사 + -ing : 주어 + Be동사 + 일반동사 -ing 형태

I am going home tonight.

I am eating out this weekend.

현재진행형과 모습이 똑같지만 미래시간(tonight, this weekend)을 붙여 미래에 예정된 일을 표현합니다. 미래시간이 없을 경우 지금 하고 있는 현재진행형이 될 수 있으니 그 차이점에 주의해야겠습니다.

(2) Be going to + 동사원형

I am going to drink out tonight.

I am going to read some books.

이 또한 미래에 예정된 일에 대한 표현입니다.

(3) Will + 동사원형

I will watch a movie this weekend.

I will go to Seoul tomorrow.

아직 확정되지 않은 일에 대한 미래표현법입니다.

위의 세 형태가 미래시제를 표현하는 방법입니다. 미래시제는 과거시제와 마찬가지로 특정한 미래 시간을 넣어야 문장이 더욱 분명해질 수 있습니다.

* 세 가지 미래 형태의 차이점

이론적으로 1, 2번은 말하기 이전에 이미 하기로 예정되어 있는 경우, 즉 확실히 할 것인 일에 대해 사용하며 3번은 말하는 순간에 결정한 것 또는 할 수도 있고 안 할 수도 있는 확실치 않을 때에 사용할 수 있습니다. 하지만 실제로 현재 미국에서는 그렇게 크게 구분하지 않고 사용하고 있으므로 사용에 있어 너무 걱정하지 마세요.

09 | 미래시제

예제로 이해하기

✏️ Be going to 동사원형 구문 활용법

앞에서 설명한 바와 같이 Be going to V는 이미 그것을 하기로 예정되어 있을 때 사용됩니다. 만약 하기로 예정되어 있지 않고 그 자리에서 꺼낸 말일 때는 'Will + 동사' 형태의 미래형을 우선적으로 사용하세요.

Be going to 동사원형 : 일반동사 drink의 활용 예

You are going to drink tomorrow.

Are you going to drink tomorrow?(➡ Yes, I am. / No, I am not.)

What are you going to drink tomorrow?

Where are you going to drink tomorrow?

When are you going to drink tomorrow?

Who are you going to drink with tomorrow?

How long are you going to drink tomorrow for?

Be going to 동사원형 : 일반동사 watch의 활용 예

She is going to watch TV tonight.

Is she going to watch TV tonight?(➡ Yes, she is. / No, she isn't.)

What is she going to watch on TV tonight?

Where is she going to watch TV tonight?

When is she going to watch TV tonight?

Who is she going to watch TV with tonight?

How long is she going to watch TV tonight for?

* What are you going to do + 미래시간

원하는 미래시간을 넣어 그때의 일을 물어볼 수 있습니다. 다음의 시간을 넣어 문장을 계속 만들어 보고 답해 보세요.

this evening, tonight, tomorrow, tomorrow evening, this weekend, this Sunday, next week, this month, next month, next year, after work, after school, on your birthday…

What are you going to do this evening?

What are you going to do tonight?

I am going to 다음에 원하는 동사원형을 넣어 사용하면 질문의 답이 됩니다.

I am going to read some books tonight.

I am going to go to Seoul next week.

I am going to have a drink with co-workers tomorrow.

I am going to _____ this weekend.

기타 표현 : 아래 문장들을 자유롭게 연결해 보세요. 자연스럽게 뜻이 이어지면 올바른 문장이 됩니다.

- Where are you going to
- For how long are you going to
- Who are you going to

- do your homework?
- meet your friends?
- have dinner with?

09 | 미래시제

✎ Be동사 + -ing 구문 활용법

Be동사 + -ing : 일반동사 drink의 활용 예

You are drinking tomorrow.

Are you drinking tomorrow? (➡ Yes, I am. / No, I am not.)

What are you drinking tomorrow?

Where are you drinking tomorrow?

When are you drinking tomorrow?

Who are you drinking with tomorrow?

How long are you drinking tomorrow for?

Be동사 + -ing : 일반동사 watch의 활용 예

She is watching TV tonight.

Is she watching TV tonight?(➡ Yes, she is. / No, she isn't.)

What is she watching on TV tonight?

Where is she watching TV tonight?

When is she watching TV tonight?

Who is she watching TV with tonight?

How long is she watching TV tonight for?

* What are you doing + 미래시간

원하는 미래시간을 넣어 그때의 일을 물어볼 수 있습니다. 다음의 시간을 넣어 문장을 계속 만들어 보고 답해 보세요.

this evening, tonight, tomorrow, tomorrow evening, this weekend, this Sunday, next week, this month, next month, next year, after work, after school, on your birthday…

영어회화의 정석

 What are you doing this evening?

What are you doing tonight?

원하는 동사원형을 넣어 사용하면 질문의 답이 됩니다.

I am reading some books tonight.

I am going to Seoul tomorrow.

I am having a drink with co-workers tomorrow.

I am _____ing this weekend.

기타 표현 : 아래의 문장들을 자유롭게 연결해 보세요. 자연스럽게 뜻이 이어지면 올바른 문장이 됩니다.

- When are you
- Where are you
- For how long are you
- Who are you

- staying in Paris?
- doing your homework?
- meeting your friends?
- having dinner with?

✏️ Will + 동사원형 구문 활용법

Will + 일반동사 drink의 활용 예

You will drink tomorrow.

Will you drink tomorrow?(➡ Yes, I will. / No, I won't)

What will you drink tomorrow?

Where will you drink tomorrow?

When will you drink tomorrow?

Who will you drink with tomorrow?

How long will you drink tomorrow for?

09 미래시제

Will + 일반동사 watch의 활용 예

She will watch TV tonight.

Will she watch TV tonight?(➡ Yes, she will. / No, she won't.)

What will she watch on TV tonight?

Where will she watch TV tonight?

When will she watch TV tonight?

Who will she watch TV with tonight?

How long will she watch TV tonight for?

* What will you do + 미래시간

원하는 미래시간을 넣어 그때의 일을 물어볼 수 있습니다. 다음의 시간을 넣어 문장을 계속 만들어 보고 답해 보세요.

this evening, tonight, tomorrow, tomorrow evening, this weekend, this Sunday, next week, this month, next month, next year, after work, after school, on your birthday…

What will you do this evening?

What will you do tonight?

원하는 동사원형을 넣어 사용하면 질문의 답이 됩니다.

I will read some books tonight.

I will go to Seoul tomorrow.

I will have a drink with co-workers tomorrow.

I will _____ this weekend.

기타 표현 : 아래의 문장들을 자유롭게 연결해 보세요. 자연스럽게 뜻이 이어지면 올바른 문장이 됩니다.

- When will you
- Where will you
- For how long will you
- Who will you

- stay in Paris?
- do your homework?
- meet your friends?
- have dinner with?

09 미래시제

Speak up!

Be going to 동사원형 구문 활용법

예문

나는 오늘밤 외식을 할 거야.
I am going to eat out tonight

너 오늘 밤 외식을 할 거니?
Are you going to eat out tonight?

나는 오늘 그녀를 만날 거야.
I am going to meet her today.

너 오늘 그녀를 만날 거니?

나는 이번 주말 일할 거야.
I am going to work this weekend.

너 이번 주말 일할 거니?

나는 퇴근 후에 술 한잔 할 거야.
I am going to have a drink after work.

너 퇴근 후에 술 한잔 할 거니?

나는 언젠가는 저 집을 살 거야.
I am going to buy that house someday.

너 언젠가는 저 집을 살 거니?

나는 언젠가는 그녀와 결혼할 거야.
I am going to marry her someday.

너 언젠가는 그녀와 결혼할 거니?

모범 답안 P.266

나는 조만간 그를 잡을 거야.
I am going to catch him soon.

나는 내년에 유학을 갈 거야.
I am going to study abroad next year.

나는 개를 키울 거야.
I am going to have a dog.

나 이번 주말 부모님을 방문할 거야.
I am going to visit my parents this weekend.

나는 다음달 결혼을 한다.
I am going to get married next month.

나는 내일 시험을 칠 예정이다.
I am going to take a test tomorrow.

나는 내일 영어를 공부할 것이다.
I am going to study English tomorrow.

난 그것을 먹을 것이다.
I am going to eat that.

난 네가 그리울 거야.
I am going to miss you.

너 조만간 그를 잡을 거니?
_____

너 내년에 유학을 갈 거니?
_____

너 개를 키울 거니?
_____

너 이번 주말 부모님을 방문할 거니?
_____

너 다음달에 결혼 할 거니?
_____

너 내일 시험을 칠 예정이니?
_____

너 내일 영어를 공부할 예정이니?
_____

너 그것을 먹을 거니?
_____

넌 내가 그리울 거니?
_____

모범 답안 P.266

09. 미래시제

09 미래시제

나는 선생이 될 예정이다.
I am going to be a teacher.

너는 선생님이 될 예정이니?
_____

나는 아빠가 될 예정이다.
I am going to be a father.

너는 아빠가 될 예정이니?
_____

나는 가수가 될 예정이다.
I am going to be a singer.

너는 가수가 될 예정이니?
_____

나는 늦을 예정이다.
I am going to be late.

너는 늦을 예정이니?
_____

나는 유명하게 될 것이다.
I am going to be famous.

넌 유명하게 될 예정이니?
_____

나는 부자가 될 것이다.
I am going to be rich.

넌 부자가 될 거니?
_____

나는 인기 있게 될 것이다.
I am going to be popular.

넌 인기 있게 될 거니?
_____

난 아플 것 같아.
I am going to be sick.

넌 아플 것 같아?
_____

난 괜찮을 것이다.
I am going to be OK.

넌 괜찮을 것 같아?
_____

☞ 모범 답안 P.266~P.267

영어회화의 정석

Be동사 + -ing 구문 활용법

예문

나는 오늘밤 외식을 할 거야.
I am eating out tonight.

너 오늘밤 외식을 할 거니?
Are you eating out tonight?

나는 오늘 그녀를 만날 거야.
I am meeting her today.

너 오늘 그녀를 만날 거니?

나는 이번 주말 일할 거야.
I am working this weekend.

너 이번 주말 일할 거니?

나는 퇴근 후에 술 한잔 할 거야.
I am having a drink after work.

너 퇴근 후에 술 한잔 할 거니?

나는 언젠가는 저 집을 살 거야.
I am buying that house someday.

너 언젠가는 저 집을 살 거니?

나는 언젠가는 그녀와 결혼할 거야.
I am marrying her someday.

너 언젠가 그녀와 결혼할 거니?

나는 조만간 그를 잡을 거야.
I am catching him soon.

너 조만간 그를 잡을 거니?

나는 내년에 유학을 갈 거야.
I am studying abroad next year.

너 내년에 유학을 갈 거니?

나는 개를 키울 거야.
I am having a dog.

너 개를 키울 거니?

☞ 모범 답안 P.267

09. 미래시제

09 | 미래시제

나 이번 주말 부모님을 방문할 거야.
I am visiting my parents this weekend.

나는 다음달 결혼을 한다.
I am getting married next month.

나는 내일 시험을 칠 예정이다.
I am taking a test tomorrow.

나는 내일 영어를 공부할 것이다.
I am studying English tomorrow.

난 그것을 먹을 것이다.
I am eating that.

난 네가 그리울 거야.
I am missing you.

너 이번 주말 부모님을 방문할 거니?
_____

너 다음달에 결혼 할 거니?
_____

너 내일 시험을 칠 예정이니?
_____

너 내일 영어를 공부할 것이니?
_____

너 그것을 먹을 거니?
_____

넌 내가 그리울 거니?
_____

모범 답안 P.267

Will + 동사원형 구문 활용법

나는 오늘밤 외식을 할 거야.
I will eat out tonight.

너 오늘밤 외식을 할 거니?
Will you eat out tonight?

나는 오늘 그녀를 만날 거야.
I will meet her today.

너 오늘 그녀를 만날 거니?

나는 이번 주말 일할 거야.
I will work this weekend.

너 이번 주말 일할 거니?

나는 퇴근 후에 술 한잔 할 거야.
I will have a drink after work.

너 퇴근 후에 술 한잔 할 거니?

나는 언젠가는 저 집을 살 거야.
I will buy that house someday.

너 언젠가는 저 집을 살 거니?

나는 언젠가는 그녀와 결혼할 거야.
I will marry her someday.

너 언젠가는 그녀와 결혼할 거니?

나는 조만간 그를 잡을 거야.
I will catch him soon.

너 조만간 그를 잡을 거니?

나는 내년에 유학을 갈 거야.
I will study abroad next year.

너 내년에 유학을 갈 거니?

☞ 모범 답안 P.267~P.268

09 미래시제

나는 개를 키울 거야.
I will have a dog.

나 이번 주말 부모님을 방문할 거야.
I will visit my parents this weekend.

나는 다음달에 결혼을 한다.
I will get married next month.

나는 내일 시험을 칠 예정이다.
I will take a test tomorrow.

나는 내일 영어를 공부할 것이다.
I will study English tomorrow.

난 그것을 먹을 것이다.
I will eat that.

난 네가 그리울 거야.
I will miss you.

나는 선생이 될 예정이다.
I will be a teacher.

나는 아빠가 될 예정이다.
I will be a father.

나는 가수가 될 예정이다.
I will be a singer.

나는 늦을 예정이다.
I will be late.

너 개를 키울 거니?
_____

너 이번 주말 부모님을 방문할 거니?
_____

너 다음달에 결혼할 거니?
_____

너 내일 시험을 칠 예정이니?
_____

너 내일 영어를 공부할 예정이니?
_____

너 그것을 먹을 거니?
_____

넌 내가 그리울 거니?
_____

너는 선생님이 될 예정이니?
_____

너는 아빠가 될 예정이니?
_____

너는 가수가 될 예정이니?
_____

너는 늦을 예정이니?
_____

☞ 모범 답안 P.268

나는 유명하게 될 것이다.

I will be famous.

나는 부자가 될 것이다.

I will be rich.

나는 인기 있게 될 것이다.

I will be popular.

난 아플 것 같아.

I will be sick.

난 괜찮을 것이다.

I will be OK.

난 행복하게 될 것이다.

I will be happy.

넌 유명하게 될 예정이니?

_____

넌 부자가 될 거니?

_____

넌 인기 있게 될 거니?

_____

넌 아플 것 같아?

_____

넌 괜찮을 것 같아?

_____

넌 행복할 것이니?

_____

☞ 모범 답안 P.268

09 미래시제

종합 연습

다음의 문장들을 세 가지 형태를 번갈아 가면서 연습해 보세요.
부정문, 의문문도 말해 보세요.

1. 나는 꽃들을 살 거야.

2. 나는 우유를 살 예정이야.

3. 나는 차를 살 예정이야.

4. 나는 너에게 키스할 거야.

5. 나는 예약을 할 거야. (make a reservation)

6. 나는 자러 갈 거야.

7. 난 널 죽일 거야.

8. 난 그녀를 도울 예정이다.

9. 나는 영화를 볼 거야.

10. 나는 쇼핑을 갈 예정이다.

11. 난 술 마시러 나갈 거야. (drink out)

12. 나는 해외를 갈 예정이다. (go abroad)

13. 나는 저녁을 만들 예정이다.

14. 나는 데이트를 할 예정이다. (have a date)

15. 나는 중국을 갈 예정이다.

16. 나는 일본에 갈 예정이다.

17. 나는 서울에 갈 예정이다.

18. 나는 직장을 가질 예정이다. (get a job)

19. 나는 승진을 할 예정이다. (get a promotion)

20. 나는 구직 면접을 가질 예정이다. (have a job interview)

21. 나는 경찰관이 될 것이다.

22. 나는 삼촌이 될 예정이다.

09 미래시제

23. 너는 건강하게 될 것이다. (be healthy)

24. 너는 외롭게 될 것이다. (be lonely)

25. 너는 똑똑하게 될 것이다. (be smart)

26. 너는 유감스럽게 될 것이다. (be sorry)

27. 너는 이것을 후회할 것이다. (regret this)

28. 비가 올 예정이다. (be rainy)

29. 눈이 올 예정이다.

30. 화창할 예정이다.

모범 답안 P.269

심화 학습

✏ Be going to 동사원형 구문

다음의 질문들에 나오는 패턴을 외워 자신의 것으로 만들고 그 답변도 해 보시기 바랍니다. 몇 번의 꾸준한 연습을 통해 질문과 답변이 곧바로 나올 것입니다.

What are you going to do this weekend?

What are you going to do tonight?

What are you going to do tomorrow morning?

What are you going to do after work?

What are you going to do this Saturday night?

What are you going to do this Sunday?

What are you going to do after this class?

What are you going to do with friends this Friday?

09 미래시제

What are you going to do with your family tonight?

What are you going to do after school today?

What are you going to do after dinner today?

What are you going to do next year?

What are you going to do this Valentine's day?

What are you going to do this vacation?

What are you going to do in Seoul next week?

What are you going to do on your birthday?

✏️ Be 동사 + -ing 구문

What are you doing this weekend?

What are you doing tonight?

What are you doing tomorrow morning?

What are you doing after work?

What are you doing this Saturday night?

What are you doing this Sunday?

What are you doing after this class?

What are you doing with friends this Friday?

What are you doing with your family tonight?

What are you doing after school today?

09 미래시제

What are you doing after dinner today?

What are you doing next year?

What are you doing this Valentine's day?

What are you doing this vacation?

What are you doing in Seoul next week?

What are you doing on your birthday?

 Will + 동사원형 구문

What will you do this weekend?

What will you do tonight?

What will you do tomorrow morning?

What will you do after work?

What will you do this Saturday night?

What will you do this Sunday?

What will you do after this class?

What will you do with friends this Friday?

What will you do with your family tonight?

What will you do after school today?

What will you do after dinner today?

09 미래시제

 미래시제 연습 – 답하기 1

이번 주말에 주로 무엇을 할지를 생각해 보고 대답해 봅시다. 특히 맞는 동사를 찾아 미래형식 속에 넣어 사용해야 한다는 것을 명심하세요.

What are you going to do this weekend?

저는 교회에 갈 예정이에요.	I am going to go to church.
저는 도서관에 갈 거예요.	I am going to go to the library.
저는 등산을 갈 예정이에요.	I am going to go climbing.
저는 낮잠을 잘 거예요.	I am going to take a nap.

저는 외식을 할 예정이에요.

저는 일할 거예요.

저는 영어를 공부할 거예요.

저는 영화를 볼 거예요.

저는 데이트를 할 예정이에요.

저는 쇼핑을 갈 거예요.

저는 여행을 할 예정이에요.

저는 운동을 할 거예요.

저는 친구들을 만날 거예요.

저는 학교를 갈 거예요

저는 아무것도 안 할 거예요.

모범 답안 P.270

What are you doing tonight?

저는 TV를 볼 거예요.　　　　　I am watching TV.

저는 배드민턴을 칠 거예요.

저는 온라인 쇼핑을 할 거예요.

저는 친구랑 전화통화를 할 거예요.

저는 일기를 쓸 거예요.

저는 목욕을 할 거예요.

저는 일찍 자러 갈 거예요.

저는 책을 읽을 거예요.

What will you do tomorrow morning?

저는 신문을 읽을 거예요.　　　　I will read newspaper.

저는 얼굴을 씻을 거예요.

저는 아침을 만들 거예요.

저는 옷을 입을 거예요.

저는 일하러 갈 거예요.

저는 음악을 들을 거예요.

저는 아침을 먹을 거예요.

저는 조깅을 할 거예요.

저는 커피를 마실 거예요.

☞ 모범 답안 P.270

09. 미래시제

09 미래시제

✏️ 미래시제 연습 – 답하기 2

What are you doing after work today?

저는 집에 갈 거예요.

저는 친구와 저녁을 먹을 예정이에요.

저는 아이들과 놀 거예요.

What are you going to do this Saturday night?

저는 컴퓨터 게임을 할 거예요.

저는 친구들과 놀 거예요(hang out with).

저는 영화를 볼 예정이에요.

What will you do this Sunday?

저는 낮잠을 잘 거예요.

저는 드라이브를 갈 거예요.

저는 낚시를 갈 예정이에요.

What are you doing after this class?

저는 점심을 먹을 거예요.

저는 친구와 커피를 마실 예정이에요.

저는 숙제를 할 거예요.

What are you going to do with your friends today?

우리들은 저녁을 먹을 예정이에요.

우리들은 술을 마실 거예요.

우리들은 쇼핑을 할 거예요.

영어회화의 정석

모범 답안 P.270

What will you do after dinner?

저는 이를 닦을 거예요.

저는 과일을 먹을 거예요.

저는 산책을 할 거예요.

What will you do when you are at home this weekend?

저는 휴식을 취할 거예요.

저는 인터넷을 할 거예요.(surf the internet)

저는 그림을 그릴 거예요.

What are you doing when you go shopping today?

저는 옷을 살 예정이에요.

저는 식료품을 살 예정이에요.

저는 친구들과 시간을 보낼 예정이에요.

What will you do in your free time tomorrow?

저는 음악을 들을 거예요.

저는 요리를 할 거예요.

저는 아무것도 하지 않을 거예요.

☞ 모범 답안 P.270~P.271

09 미래시제

🖉 미래시제 연습 – 묻고 답하기

미래시제를 이용한 대화를 만들어 보겠습니다. 예문을 보고 직접 두 사람의 대화를 만들고 연습해 보세요.

A : 이번 주말에 뭐 할 거니?

B : 친구들을 만날 거야.

A : 친구들과 뭐 할 건데?

B : 친구들과 영화를 볼 거야.

A : 무슨 영화 볼 건데.

B : 스타워즈를 볼 거야.

A : 몇 시에 볼 건데?

B : 우리는 오후 다섯 시에 볼 거야.

A : 어디서 볼 건데.

B : 시내 CGV에서 볼 거야.

A : 그리고 뭐 할 건데.

B : 저녁을 먹을 거야.

A : 재미있겠는데. 주말 재밌게 보내라.

B : 너도.

A : What are going to do this weekend?

B : I am going to meet my friends.

A : What are you going to do with your friends?

B : We are going to watch a movie.

A : What movie are you going to watch?

B : We are going to watch 'Star Wars?

A : What time are you going to watch?

B : We are going to watch the movie at 5 p.m.

A : Where are you going to watch the movie?

B : We are going to watch the movie at CGV downtown

A : After then, what are you going to do?

B : We are going to have a dinner

A : Sounds fun. Have a good weekend!

B : You, too.

A : 오늘밤에 뭘 할 거니?	A : What will you do tonight?
B : 나는 숙제를 할 거야.	B : I will do my homework.
A : 무슨 숙제를 할 거니?	A : What homework will you do?
B : 나는 영어 숙제를 할 거야.	B : I will do English homework.
A : 어디서 할 건데.	A : Where will you do your homework?
B : 내 방에서 할 거야.	B : I will do my homework in my room.
A : 몇 시에 할 건데.	A : What time will you do your homework?
B : 밤 아홉 시에 할 거야.	B : I will do my homework at 9 p.m.
A : 얼마나 오랫동안 할 거니?	A : How long will you do your homework?
B : 두 시간 할 거야.	B : I will do my homework for 2 hours.

 쉬어가기

아이들을 위한 바른 영어 교육

해마다 수많은 영어 설명회가 열리고 다수의 영어 프로그램과 시스템이 쏟아져 나옵니다. 그 말은 다시 말해 영어에 대한 뚜렷한 해결책이 없기에 비슷비슷한 것들이 약간씩 바뀌어 이름만 다르게 소개되는 것이 아닌가 생각됩니다. 하지만 그 어느 것도 효과 있는 교육 시스템이라고 생각되는 것이 없습니다. 더 솔직히 표현하면 모두 실패한 프로그램이라고 생각됩니다.

만약 그 많은 시스템 중에 어느 하나라도 정말 효과가 있었다면 그 시스템 하나가 영어시장을 독보적으로 지배하고 있지 않을까요? 그리고 다른 시스템들은 등장하지도 못했겠죠.

학원을 운영하다 보니 영어 교육에 적응하지 못하고 떨어져 나가는 아이들을 많이 보게 됩니다. 대부분의 경우 부모님의 강요에 의해 어쩔 수 없이 학원을 다니게 되고, 학원들이 저마다 다투어 내는 숙제로 힘들어하는 시간이 길어지면서 영어에 대한 흥미를 점차 잃게 됩니다. 그러다 보면 안 그래도 타의로 하는 영어 공부가 더욱 재미없게 되고 마침내 지치고 맙니다.

그 중에서도 꾸준히 공부하는 아이들은 부모님의 기대에 부응하기 위해 어쩔 수 없이 학원에 남아 있고 그렇지 않은 아이들은 자신의 의견과 고집을 내세워 학원을 그만두게 됩니다. 심지어는 학원에서의 지겨운 경험으로 아예 영어에 손을 놓는 경우도 있습니다. 그렇게 해서 영어를 싫어하는 아이들도 주변에 많이 있고 부모님들은 그런 자녀들 때문에 어떻게 할지 몰라 한숨을 내쉽니다. 싫던 좋던 이게 대한민국 영어 교육의 현실입니다.

개인적으로 아이들을 위한 바른 영어 교육은 앞에서 말한 바와 같이 말하기 교육 우선이라고 생각합니다. 읽기, 듣기, 쓰기 공부와 많은 숙제를 통한 교육이 아닌 말을 통해 자연스럽게 영어를 배우고, 많은 숙제보다는 꾸준한 영어 말하기를 통해 영어 의사소통에 대한 기쁨과 재미를 느끼는 영어 교육이 되어야 한다고 믿습니다. 실제로 영어 공부를 하기 싫어하고 숙제를 안 해오는 아이들, 학원과 부모들이 영어교육을 포기하는 아이들도 말하기 자체에는 흥미를 보입니다.

그런 아이들에게 말하기 위주의 교육을 하면 읽기, 쓰기, 듣기 숙제는 적고 재미는 많은 참다운 영어교육이 될 수 있다고 생각됩니다. 영어교육은 그런 방향으로 시스템이 구축되어야 한다고 믿습니다.

Chapter 10
현재진행형

Step 1 가볍게 읽기

Step 2 예제로 이해하기

    현재진행형 연습 – 의문문, 부정문

Step 3 Speak up!

    현재진행형 연습 – 다양한 문장 만들어 보기

    현재진행형 연습 – 답하기

    Get 진행형과 의문문 활용

10 현재진행형

가볍게 읽기

현재진행형은 지금 현재 계속하고 있는 행위나 상황을 나타내는 시제입니다. 이것은 어떤 상황이나 행위가 과거 일정 기간 지속되어 현재까지 이어져 왔고 앞으로도 계속 진행될 상황을 보여주는 시제입니다. 보통 now, nowadays 같은 시점을 표시하는 단어들이 함께 즐겨 사용되며 굳이 시점을 표시하는 단어를 붙이지 않아도 현재의 시점을 나타냅니다. 일반적으로는 Be + -ing 형태를 띠고 있습니다.

I am studying English.

I am taking a shower.

I am reading a book.

You are thinking about her.

You are having dinner.

My son is sleeping.

She is watching TV.

She is talking on the phone.

He is crying.

He is singing.

They are running.

They are playing tennis.

현재진행형은 '무엇을 하고 있는 중이다' 라고 주로 해석됩니다. '공부를 하고 있는 중이다', '샤워를 하고 있는 중이다', '책을 읽고 있는 중이다' 등등. 여기서 '무엇을 하고' 까지는 일반동사의 뜻을 나타내지만 '있는 중이다' 는 상태, 즉 Be동사의 뜻이므로 현재진행형은 상태동사 문장이라고 할 수 있습니다. 즉 문장의 동사가 Be동사라는 것입니다. Be동사가 쓰인 문장을 의문문으로 만들 경우에는 Be동사가 주어 앞으로 나오면 됩니다.

예제로 이해하기

현재진행형 연습 – 의문문, 부정문

다음 문장들을 의문문으로 만들어 봅시다. 주어 I는 You로 바꾸어 주세요.

I am studying English. ➡ Are you studying English?

I am taking a shower. ➡ Are you taking a shower?

I am reading a book. ➡ Are you reading a book?

You are thinking about her. ➡ Are you thinking about her?

You are having dinner. ➡ Are you having dinner?

My son is sleeping. ➡ Is your son sleeping?

10 현재진행형

She is watching TV. ➡ Is she watching TV?

She is talking on the phone. ➡ Is she talking on the phone?

He is crying. ➡ Is he crying?

He is singing. ➡ Is he singing?

They are running. ➡ Are they running?

They are playing tennis. ➡ Are they playing tennis?

부정문의 경우 Be동사의 부정문과 같습니다.

I am studying English. ➡ I am not studying English.

You are taking a shower. ➡ You are not taking a shower.

You are reading a book. ➡ You are not reading a book.

You are thinking about her. ➡ You are not thinking about her.

You are having dinner. ➡ You are not having dinner.

My son is sleeping. ➡ My son is not sleeping.

She is watching TV. ➡ She is not watching TV.

She is talking on the phone. ➡ She is not talking on the phone.

He is crying. ➡ He is not crying.

He is singing. ➡ He is not singing.

They are running. ➡ They aren't running.

They are playing tennis. ➡ They aren't playing tennis.

현재진행형 시제로 5W1H 의문문을 만드는 것을 연습해 봅시다. 먼저 Be동사 의문문을 만들고 그 앞에 5W1H를 붙여 자연스럽게 말이 되면 문장이 잘 만들어진 것입니다. 단 When의 경우 지금 현재시점이 그 답이기에 질문이 되지 않습니다.

Are you studying English?

➡ Why are you studying English?

➡ Where are you studying English?

➡ Who are you studying English with?

➡ What are you studying?

* How often, How long의 경우 부자연스러워 사용할 수 없습니다.

Are you reading a book?

➡ Why are you reading a book?

➡ Where are you reading a book?

➡ What book are you reading ? / What are you reading?

Is she crying?

➡ Why is she crying?

➡ Where is she crying?

* What, When, How, Who 등은 해석이 부자연스러워 사용할 수 없습니다.

* Be 동사 + -ing 형태가 올 때 현재진행형 시제인지 미래시제인지의 구분 :
두 시제 모두 모양이 똑같으므로 서로 헷갈릴 수가 있습니다. 하지만 미래시제의 경우 미래 시점을 나타내는 단어가 문장 안에 표현됩니다. 반면에 현재진행형은 특정한 시점을 나타내는 단어가 필요 없다는 점을 명심하세요.

10 현재진행형

현재진행형 시제	미래시제
I am studying English.	I am studying tomorrow.
I am reading a book.	I am reading a book tonight.
They are playing tennis.	They are playing tennis this weekend.
She is taking a walk.	She is taking a walk this evening.
Are you studying English?	Are you studying English this weekend?
Are they drinking?	Are they drinking tonight?
What are you doing?	What are you doing tomorrow?

speak up!

✏️ 현재진행형 연습 – 다양한 문장 만들어 보기

나는 저녁을 먹고 있는 중이다.
I am having a dinner.

나는 청바지를 입고 있는 중이다.
I am wearing blue jeans.

나는 반바지를 입고 있는 중이다. (wear shorts)

나는 피아노를 치고 있는 중이다.

나는 전화 통화 중이다. (talk on the phone.)

나는 울고 있는 중이다.

나는 여기서 죽어가고 있는 중이다.

나는 회의를 하고 있는 중이다. (have a meeting)

나는 샤워를 하고 있는 중이다. (take a shower)

나는 생각하고 있는 중이다.

나는 커피를 마시고 있는 중이다.

나는 그녀와 사귀고 있는 중이다.
I am seeing her.

나는 누구를 사귀고 있는 중이다.
I am seeing someone.

나는 요리를 하는 중이다.

나는 노래를 하고 있는 중이다.

나는 컴퓨터 게임을 하는 중이다.

나는 잘 지내고 있다.
I am doing fine.

그는 자고 있는 중이다.

그는 좋은 시간을 보내고 있는 중이다.

그는 그녀를 돌보고 있는 중이다. (take care of)

비가 오는 중이다.
It's raining.

눈이 오는 중이다.

잘되어 가는 중이다.
It's going well.

누군가 너를 찾고 있는 중이다. (look for)

10. 현재진행형

10 현재진행형

너는 저녁을 먹고 있는 중이니?

너는 청바지를 입고 있는 중이니?

너는 반바지를 입고 있는 중이니?

너는 피아노를 치고 있는 중이니?

너는 전화 통화 중이니? (talk on the phone)

너는 울고 있는 중이니?

너는 죽어가고 있는 중이니?

너는 회의를 하고 있는 중이니? (have a meeting)

너는 샤워를 하고 있는 중이니? (take a shower)

너는 생각하고 있는 중이니?

너는 커피를 마시고 있는 중이니?

너는 그녀와 사귀고 있는 중이니?

너는 누구와 사귀고 있는 중이니?

너는 요리를 하는 중이니?

너는 노래를 하고 있는 중이니?

너는 컴퓨터 게임을 하는 중이니?

넌 잘 지내고 있니?

그는 자고 있는 중이니?

그는 좋은 시간을 보내고 있는 중이니?

그는 그녀를 돌보고 있는 중이니?

비가 오는 중이니?

눈이 오는 중이니?

잘되어 가는 중이니?

누군가 너를 찾고 있는 중이니? (look for)

영어회화의 정석

현재진행형 연습 – 답하기

다른 상황을 머리속에 상상하고 다양한 질문들을 만들어 보고, 모든 질문에 답변을 하려고 노력하세요.

〈현재진행형〉

너 뭐 하고 있는 중이야?

What are you doing? ➡ I am reading a book .

너 뭐 먹고 있는 중이야?

What are you ~? ➡

너 뭐 입고 있는 중이야?

What are you ~? ➡

너 뭐 마시고 있는 중이야?

What are you ~? ➡

너 뭐 공부하고 있는 중이야?

What are you ~? ➡

너 뭘 보고 있는 중이니?

What are you ~? ➡

너 뭘 요리하고 있는 중이니?

What are you ~? ➡

너 뭘 만들고 있는 중이니?

What are you ~? ➡

너 무엇을 사고 있는 중이니?

What are you ~? ➡

모범 답안 P.271

10. 현재진행형

10 현재진행형

너 뭘 읽고 있는 중이니?

What are you ~? ➡

너 어딜 가고 있는 중이니?

Where are you ~? ➡ I am going home.

너 어디서 그녀를 만나고 있는 중이니?

Where are you ~? ➡

너 어디서 저녁을 먹고 있는 중이니?

Where are you ~ dinner? ➡

너 어디서 공부하고 있는 중이니?

Where are you ~? ➡

너 어디서 머물고 있는 중이니?

Where are you ~? ➡

너 누구랑 얘기하고 있는 중이니?

Who are you talking to? ➡ I am talking to my friend.

너 누구랑 공부하고 있는 중이니?

Who are you studying with? ➡

너 누구랑 술 마시고 있는 중이니?

Who are you drinking with? ➡

너 누구랑 싸우고 있는 중이니?

Who are you fighting with? ➡

너 누구랑 키스하고 있는 중이니?

Who are you kissing? ➡

☞ 모범 답안 P.271~P.272

너 누구랑 머물고 있는 중이니?

Who are you staying with? ➡ _____

너 누구랑 저녁을 먹고 있는 중이니?

Who are you having dinner with? ➡ _____

누가 운전하고 있는 중이니?

Who is driving? ➡ My girlfriend is driving

누가 요리하고 있는 중이니?

_____ ? ➡ _____

누가 울고 있는 중이니?

_____ ? ➡ _____

누가 공부하고 있는 중이니?

_____ ? ➡ _____

누가 웃고 있는 중이니?

_____ ? ➡ _____

누가 자고 있는 중이야?

_____ ? ➡ _____

☞ 모범 답안 P.272

10. 현재진행형

10 현재진행형

Get 진행형과 형용사의 활용

나는 점점 배고파지고 있어.	➡ I am getting hungry.
나는 점점 목이 마르고 있어.	➡ I am getting thirsty.
나는 점점 피곤해 지고 있어.	➡ I am getting _____
나는 점점 외로워지고 있어.	➡ I am getting _____
나는 점점 아파가고 있다.	➡ I am getting _____
나는 점점 젖어가고 있다.	➡ I am getting _____
나는 점점 추워지고 있다.	➡ I am getting _____
나는 점점 늙어가고 있다.	➡ I am getting _____
나는 점점 더 커지고 있다.	➡ I am getting _____
나는 점점 혼란스러워 진다.	➡ I am getting confused.
우리는 점점 그곳에 다다르고 있다.	➡ We are getting there.
점점 어두워지고 있는 중이다.	➡ It's getting dark.
점점 늦어지고 있다.	➡ It's getting late.
점점 흥미로워지고 있다.	➡ _____
점점 더워지고 있다.	➡ _____
점점 위험해지고 있다.	➡ _____
점점 깨끗해지고 있다.	➡ _____
점점 시끄러워지고 있다.	➡ _____
점점 복잡해지고 있다.	➡ _____
점점 더 어려워지고 있다.	➡ _____

모범 답안 P.272

점점 더 나아지고 있다.　　　　➡ _____

점점 더 기이해지고 있다. (weird)　➡ _____

☞ 모범 답안 P.272

현재진행형과 같은 모양의 미래시제와의 질문 차이점 비교

현재진행형 시제	미래시제
What are you doing?	What are you doing tomorrow?
What is she doing?	What is she doing tomorrow?
What is he doing?	What is he doing this weekend?
What are they doing?	What are they doing tonight?
What are you doing these days?	What are you doing this weekend?
What is she doing nowadays?	What is she doing this evening?
What is he doing nowadays?	What is he doing this Sunday?
What are they doing these days?	What are they doing this Saturday?

영어 듣기와 미드

해마다 많은 학생들이 어학 연수를 위해 미국, 캐나다, 호주 등으로 갑니다. 그 놈의 영어 때문에. 북미권의 경우에는 어학 연수를 간다고 해도 실제로 별 것 없습니다. 솔직히 말하면 국내 어학원의 네 시간짜리 프로그램을 끊어서 공부하는 거랑 별반 다를 게 없습니다. 물론 가격은 어학 연수 쪽이 훨씬 더 비싸죠. 그리고 본인의 열정적인 노력이 없다면 그곳 원어민들과의 자연스러운 대화는 기대하기도 어렵습니다. 다들 바빠서 영어 못하는 어학 연수생들에게 관심을 가지지 않으니까요. 물론 여성 연수생들에게는 호의를 보이는 남자들이 많겠지만요.

저의 경우에는 연수 현실이 그랬었기에 영어 실력을 늘릴 수 있는 방법은 어학 프로그램이 끝나고 집에 와서 하는 TV 시청이었습니다. 싫든 좋든 선택의 여지가 없었기에 잘 안 들려도 하루에 몇 시간씩 TV를 시청했습니다. 다른 채널을 돌려도 다 영어였기에 어쩔 수 없이 시트콤 하나를 꾸준히 보게 되었죠. 변화는 3개월이 지났을 때쯤 일어났습니다.

3개월이 지나자 들리기 시작한 게 아니라 프로그램 내용을 이해하였고 괜히 웃고 재미를 느끼기 시작했습니다. 즉 안 들리는 건 여전했지만 이야기 속의 상황이 이해되었고 더 이상 답답해하지 않고 적극적으로 즐기기 시작했습니다. 그리고 6개월이 지나자 50%, 9개월이 지나자 60%가 들리기 시작했습니다.

영어 실력을 늘리고 싶은 여러분들도 요즈음 쉽게 볼 수 있는 미드를 가지고 얼마든지 공부할 수 있습니다. 숙제다 생각하고 딱 3개월 무식하다고 느껴질 정도로 미드를 시청해 보세요. 3개월 뒤에 놀라운 변화가 있을 것이라고 장담합니다. 자막이 없으면 더욱 좋습니다. 이해가 안 되는데 어떻게 참고 시청하느냐고 불만을 토로하는 사람들도 있는데 그게 요점입니다. 3개월 뒤에는 자연스럽게 이해가 됩니다. 그게 바로 영어에 적응되는 과정이고 성과입니다.

우리나라 채널에서도 많은 미드를 방영하고 있고 마음만 먹으면 미국의 TV사이트에 들어가 최신 미드 정보를 얻어낼 수도 있습니다. 제 경우에도 지금 현재 미국에서 방영하고 있는 최신 프로그램들과 오래된 프로그램들을 합쳐 대략 스무 개의 미드를 시청하고 있는 중입니다.
물론 재미있으니 꾸준히 보고 있겠죠. 그 미드들이 제 영어 공부에 피가 되고 살이 되고 있습니다. 여러분도 할 수 있습니다.

Chapter 11
시제비교 연습

11 | 시제비교 연습

지금까지 공부한 평서문, 부정문, 의문문 문장을 현재형, 과거형, 미래형으로 나눠서 정리해보는 시간입니다. 앞에서 배운 문장들을 떠올리면서 비교 연습해 보기 바랍니다. 또한 5W1H 질문도 함께 연습해 보세요.

다음의 평서문 문장들을 현재, 과거, 미래형으로 나누었으니 비교 연습해 보세요.
부정문과 의문문으로 만드는 연습도 꾸준히 하세요.

현재	과거	미래
I clean the living room once a month.	I cleaned the living room last weekend.	I am cleaning the living room this weekend.
You listen to music one hour a day.	You listened to music one hour today.	You will listen to music one hour today.
She studies English at night.	She studied English last night.	She is going to study English tonight.
He does yoga on Sundays.	He did yoga last Sunday.	He is doing yoga this Sunday.
I watch TV everyday.	I watched TV yesterday.	I am watching TV tonight.
		be going to / be - ing / will +
play the guitar	played the guitar	play the guitar
wash dishes	washed dishes	wash dishes
talk on the phone	talked on the phone	talk on the phone
have dinner	had dinner	have dinner
meet my friend	met my friend	meet my friend
work	worked	work
do my homework	did my homework	do my homework
drink beer	drank beer	drink beer
see movies	saw movies	see movies
read books	read books	read books
take a shower	took a shower	take a shower

11. 시제비교 연습

11 | 시제비교 연습

다음의 평서문 문장들을 현재, 과거, 미래형으로 나누었으니 비교 연습해 보세요. 부정문과 의문문으로 만드는 연습도 꾸준히 하세요.

현재	과거	미래
I play _____. I don't play _____. Do you play _____?	I played the guitar yesterday. I didn't play the guitar yesterday. Did you _____?	I am going to play the guitar tonight. I am not going to_____. Are you going to _____?
I wash dishes everyday. I don't _____. Do you _____?	I washed dishes last night. I didn't _____. Did you _____?	I am going to wash dishes tomorrow. I am not _____. Are you _____?
I talk on the phone every night. I don't _____. Do you _____?	I talked _____ this morning. I didn't _____. Did you _____?	I am _____ tonight. I am not _____. Are you _____?
I have dinner at 7 pm. I don't _____. Do you _____?	I had _____ 7 pm today. I didn't _____. Did you _____?	I am _____ after work. I am not _____. Are you _____?
I meet my friend every weekend. I don't _____. Do you _____?	I met _____ last weekend. I didn't _____. Did you _____?	I am _____ this weekend. I am not _____. Are you _____?
I work from 9 to 6. I don't _____. Do you _____?	I worked yesterday. I didn't _____. Did you _____?	I am _____ tomorrow. I am not _____. Are you _____?
I do my homework after school. I don't _____. Do you _____?	I did _____ after school today. I didn't _____. Did you _____?	I am_____ after school. I am not _____. Are you _____?

5W1H 질문을 현재, 과거, 미래형으로 나누었으니 비교 연습해 보세요. 질문뿐만 아니라 대답하는 연습도 꼭 하세요.

현재	과거	미래
When do you play the guitar? _____.	When did you play the guitar? _____.	When are you going to play the guitar? _____.
Where do you play the guitar? _____.	Where did you play the guitar? _____.	Where are you going to play the guitar? _____.
Who do you play the guitar for? _____.	Who did you play the guitar for? _____.	Who are you going to play the guitar for? _____.
Who do you play the guitar with? _____.	Who did you play the guitar with? _____.	Who are you going to play the guitar with? _____.
How long do you play the guitar? _____.	How long did you play the guitar? _____.	How long are you going to play the guitar? _____.
What music do you play? _____.	What music did you play? _____.	What music are you going to play? _____.

11. 시제비교 연습

11 시제비교 연습

현재	과거	미래
I talk on the phone every night. I don't _____. Do you _____?	I talked on the phone every night. I didn't _____. Did you _____?	I am _____ tonight. I am not _____. Are you _____?
I have dinner at 7 pm. I don't _____. Do you _____?	I had dinner at 7 pm. I didn't _____. Did you _____?	I am _____ after work. I am not _____. Are you _____?
I meet my friend every weekend. I don't _____. Do you _____?	I met my friend every weekend. I didn't _____. Did you _____?	I am _____ this weekend. I am not _____. Are you _____?
I work from 9 to 6. I don't _____. Do you _____?	I worked from 9 to 6. I didn't _____. Did you _____?	I am _____ tomorrow. I am not _____. Are you _____?
I do my homework after school. I don't _____. Do you _____?	I did my homework after school. I didn't _____. Did you _____?	I am _____ after school. I am not _____. Are you _____?
I drink beer after dinner. I don't _____. Do you _____?	I drank beer after dinner. I didn't _____. Did you _____?	I am _____ after dinner. I am not _____. Are you _____?
I see movies on Sundays. I don't _____. Do you _____?	I saw movies on Sundays. I didn't _____. Did you _____?	I am _____ this Sunday. I am not _____. Are you _____?

여기까지 공부하시느라 수고 많으셨습니다.

여기까지 공부한 내용을 어느 정도 숙지하시고 말문을 열 수 있다면 여러분은 영어회화의 초급 수준을 마스터했다고 생각하셔도 됩니다. 틀리는 것을 두려워하지 마시고 영어회화 세계에서 자신 있게 실수를 하시고 그것을 통해 영어 실력을 더욱 다지시기 바랍니다. 열심히 공부하신 여러분에게 박수를 보냅니다.

영어회화의 정석

126~127 Page

1. When do you get up? / What time do you get up?
2. When do you finish work?
3. When do you need me?
4. When do you go to work? / What time do you go to work?
5. When do you get home?
6. Where do you hang out?
7. Where do you smoke?
8. Where do you take a bus?
9. Where do you buy clothes?
10. Where do you work out?
11. Why do you need this?
12. Why do you lie?
13. Why do you love me?
14. Why do you hate him?
15. Why do you believe her?
16. What shampoo do you use?
17. What perfume do you wear?
18. What business do you have?
19. What do you think?
20. What do you know?
21. Who do you take a walk with?
22. Who do you travel with?
23. Who do you hang out with?
24. Who do you cry for?
25. Who do you make breakfast for?

131~134 Page

How often (얼마나 자주) ~?
How often do you have a date?
How often do you play computer games?
How often do you drink coffee?
How often do you meet your friends?
How often do you go shopping?
How often do you exercise?

How many times (몇 번이나)~?
How many times do you play computer games a week?
How many times do you have a date a week?
How many times do you go shopping a week?
How many times do you visit your parents a month?
How many times do you eat out a month?

How long (얼마나 오랫동안)~?
How long do you sleep?
How long do you work?
How long do you study?
How long do you take a bath?
How long do you watch TV?
How long do you talk on the phone?

How many hours (몇 시간)~?
How many hours do you sleep a day?
How many hours do you work a day?
How many hours do you study a day?
How many minutes do you take a bath a day?
How many hours do you listen to music a day?
How many hours do you watch TV a day?
How many hours do you talk on the phone a day?

How many + 복수 명사의 유용한 표현들
How many cups of coffee do you drink a day?
How many cups of tea do you drink a day?
How many glasses of water do you drink a day?
How many cigarettes do you smoke a day?
How many meals do you eat a day?
How many books do you read a month?
How many houses do you have?
How many classes do you take?
How many people do you know?
How many computers do you have?
How many books do you have?
How many TV channels do you have?
How many dogs do you have?
How many music CDs do you have?
How many kids do you have?

169~177 Page

What do you usually do on the weekend?

    I eat out.
    I work.
    I study English.
    I watch movies.
    I go on a date.
    I go shopping.
    I travel.
    I exercise.
    I meet friends.
    I go to school.
    I do nothing.

What do you usually do at night?

    I play badminton.
    I shop online.
    I talk on the phone with my friend.
    I write a diary./I keep a diary.
    I take a shower.
    I go to bed early.
    I read books.

What do you usually do in the morning?

    I wash my face.
    I make breakfast.
    I put on my clothes.
    I go to work.
    I listen to music.
    I eat breakfast.
    I go jogging.
    I drink coffee.

What do you usually do on Christmas Day?

    I eat out.
    I work.
    I watch movies.
    I go on a date.
    I go shopping.
    I travel.
    I exercise.
    I meet my friends.
    I do nothing.

What do you usually do on your day off?

    I watch TV.
    I go jogging.
    I shop.
    I visit my parents.
    I take a nap.
    I meet friends.
    I read books.
    I go hiking.
    I take pictures.

What do you usually do when it is rainy?

    I cook.
    I sleep all day long.
    I clean the house.
    I drink.
    I listen to music.
    I draw pictures.
    I drink tea.
    I drink coffee.
    I read books.
    I sing.
    I play the piano.
    I play the guitar.

What do you usually do on Parents Day?

    I visit my parents.
    I buy presents.
    I eat out.

What do you usually do on your summer vacation?

    I go on a trip.

모범 답안

    I rest at home.

    I read books.

What do you usually do after work?

    I go home.

    I eat dinner.

    I spend time with my kids.

What do you usually do on Saturday nights?

    I play computer games.

    I hang out with friends.

    I watch movies.

What do you usually do on Sundays?

    I take a nap.

    I go for a drive.

    I go fishing.

What do you usually do after this class?

    I have lunch.

    I drink coffee with my friends.

    I do homework.

What do you usually do with your friends?

    We eat dinner.

    We drink.

    We play computer games.

What do you usually do after dinner?

    I brush my teeth.

    I eat fruit.

    I take a walk.

What do you usually do when you are at home?

    I rest.

    I surf the internet.

    I draw pictures.

What do you usually do when you go shopping?

    I buy clothes.

    I buy grocery.

    I spend time with my friends.

What do you usually do in your free time?

    I listen to music.

    I cook.

    I do nothing.

What do you usually do when you are sick?

    I sleep.

    I go to see a doctor.

    I drink tea a lot.

What do you usually do when you are happy?

    I sing.

    I spend time with friends.

    I go shopping.

What do you usually do when you are sad?

    I drink coffee.

    I do nothing.

    I cry.

What do you usually do when you are angry?

    I take a deep breath.

    I eat snacks.

    I listen to music.

What do you usually do when you get bored?

    I watch movies.

    I surf the internet.

    I talk on the phone with my friend.

What do you usually do when you are tired?

    I rest at home.

    I take vitamins.

    I take a nap.

What do you usually do when you are nervous?
  I listen to music.
  I cook.
  I drink tea.

180 Page

What do you usually do on Christmas Day?
➡ I spend time with my family.
What do you usually do on your summer vacation?
➡ I go to the beach.
What do you usually do on your day off?
➡ I rest at home.
What do you usually do when it is rainy?
➡ I cook.
What do you usually do when you are sick?
➡ I stay in the bed.
What do you usually do when you are happy?
➡ I enjoy shopping.
What do you usually do when you are sad?
➡ I listen to music.
What do you usually do when you are angry?
➡ I take a walk.
What do you usually do when you are drunk?
➡ I sleep.
What do you usually do when you get bored?
➡ I surf the internet.
What do you usually do when you are scared?
➡ I call my friends.
What do you usually do when you are tired?
➡ I drink tea.
What do you usually do when you are nervous?
➡ I eat chocolate.

194~197 Page

What did you do last weekend?
  저는 외식을 했어요.   I ate out.
  저는 일했어요.   I worked.
  너는 영어를 공부했어요. I studied English.
  저는 영화를 봤어요.   I watched a movie.
  저는 데이트를 했어요.   I had a date.
  저는 쇼핑을 갔어요.   I went shopping.
  저는 여행을 했어요.   I travelled.
  저는 운동을 했어요.   I did exercise.
  저는 친구들을 만났어요. I met my friends.
  저는 학교를 갔어요.   I went to school.
  저는 아무것도 안 했어요. I did nothing.

What did you do last night?
  저는 배드민턴을 쳤어요. I played badminton.
  저는 온라인 쇼핑을 했어요. I shopped online.
  저는 친구랑 전화통화를 했어요. I talked on the phone with my friend.
  저는 일기를 적었어요.   I wrote a diary.
  저는 샤워를 했어요.   I took a shower.
  저는 일찍 자러 갔어요. I went to bed early.
  저는 책을 읽었어요.   I read a book.

What did you do this morning?
  저는 얼굴을 씻었어요.   I washed my face.
  저는 아침을 만들어요.   I made breakfast.
  저는 옷을 입었어요.   I wore clothes.
  저는 일하러 갔어요.   I went to work.
  저는 음악을 들었어요.   I listened to music.
  저는 아침을 먹었어요.   I had breakfast.
  저는 조깅을 했어요.   I went jogging.
  저는 커피를 마셨어요.   I drank coffee.

What did you do after work?
  저는 집에 갔어요.   I went home.
  저는 저녁을 먹었어요.   I ate dinner.
  저는 아이들과 놀았어요. I spent time with my kids.

What did you do last Saturday night?
  저는 컴퓨터 게임을 했어요. I played computer games.
  저는 친구들과 놀았어요. I hung out with my friends.
  저는 영화를 봤어요.   I watched a movie.

What did you do last Sunday?
  저는 낮잠을 잤어요.   I took a nap.

모범 답안

| 저는 드라이브를 갔어요. | I went for a drive. |
| 저는 낚시를 갔어요. | I went fishing. |

What did you do after this class yesterday?

저는 점심을 먹었어요.	I had lunch.
저는 친구와 커피를 마셨어요.	I drank coffee with my friend.
저는 숙제를 했어요.	I did my homework.

What did you do with your friends today?

우리들은 저녁을 먹었어요.	We had dinner.
우리들은 술을 마셨어요.	We had drinks.
우리들은 쇼핑을 했어요.	We went shopping.

What did you do after dinner?

저는 이를 닦았어요.	I brushed my teeth.
저는 과일을 먹었어요.	I ate fruit.
저는 산책을 했어요.	I took a walk.

What did you do when you were at home last weekend?

저는 휴식을 취했어요.	I rested.
저는 인터넷을 했어요.	I surfed the internet.
저는 그림을 그렸어요.	I drew a picture.

What did you do in your free time yesterday?

저는 음악을 들었어요.	I listened to music.
저는 요리를 했어요.	I cooked.
저는 아무것도 하지 않았어요.	I did nothing.

212~214 Page

너 오늘 그녀를 만날 거니?
Are you going to meet her today?

너 이번 주말 일할 거니?
Are you going to work this weekend?

너 퇴근 후에 술 한잔 할 거니?
Are you going to have a drink after work?

너 언젠가는 저 집을 살 거니?
Are you going to buy that house someday?

너 언젠가는 그녀와 결혼할 거니?
Are you going to marry her someday?

너 조만간 그를 잡을 거니?
Are you going to catch him soon?

너 내년에 유학을 갈 거니?
Are you going to study abroad next year?

너 개를 키울 거니?
Are you going to have a dog?

너 이번 주말 부모님을 방문할 거니?
Are you going to visit your parents this weekend?

너 다음달에 결혼할 거니?
Are you going to get married next month?

너 내일 시험을 칠 예정이니?
Are you going to take a test tomorrow?

너 내일 영어를 공부할 예정이니?
Are you going to study English tomorrow?

너 그것을 먹을 거니?
Are you going to eat that?

넌 내가 그리울 거니?
Are you going to miss me?

너는 선생님이 될 예정이니?
Are you going to be a teacher?

너는 아빠가 될 예정이니?
Are you going to be a father?

너는 가수가 될 예정이니?
Are you going to be a singer?

영어회화의 정석

너는 늦을 예정이니?
Are you going to be late?

넌 유명하게 될 예정이니?
Are you going to be famous?

넌 부자가 될 거니?
Are you going to be rich?

넌 인기 있게 될 거니?
Are you going to be popular?

넌 아플 것 같아?
Are you going to be sick?

넌 괜찮을 것 같아?
Are you going to be OK?

215~216 Page

너 오늘 그녀를 만날 거니?
Are you meeting her today?

너 이번 주말 일할 거니?
Are you working this weekend?

너 퇴근 후에 술 한잔 할 거니?
Are you having a drink after work?

너 언젠가는 저 집을 살 거니?
Are you buying that house someday?

너 언젠가는 그녀와 결혼할 거니?
Are you marrying her someday?

너 조만간 그를 잡을 거니?
Are you catching him soon?

너 내년에 유학을 갈 거니?
Are you studying abroad next year?

너 개를 키울 거니?
Are you havting a dog?

너 이번 주말 부모님을 방문할 거니?
Are you visiting your parents this weekend?

너 다음달에 결혼할 거니?
Are you getting married next month?

너 내일 시험을 칠 예정이니?
Are you having a test tomorrow?

너 내일 영어를 공부할 거니?
Are you studying English tomorrow?

너 그것을 먹을 거니?
Are you eating that?

너 내가 그리울 거니?
Are you missing me?

217~219 Page

너 오늘 그녀를 만날 거니?
Will you meet her today?

너 이번 주말 일할 거니?
Will you work this weekend?

너 퇴근 후에 술 한잔 할 거니?
Will you have a drink after work?

너 언젠가는 저 집을 살 거니?
Will you buy that house someday?

모범 답안

267

너 언젠가는 그녀와 결혼할 거니?
Will you marry her someday?

너 조만간 그를 잡을 거니?
Will you catch him soon?

너 내년에 유학을 갈 거니?
Will you study abroad next year?

너 개를 키울 거니?
Will you have a dog?

너 이번 주말 부모님을 방문할 거니?
Will you visit your parents this weekend?

너 다음달에 결혼할 거니?
Will you get married next month?

너 내일 시험을 칠 거니?
Will you take a test tomorrow?

너 내일 영어를 공부할 거니?
Will you study English tomorrow?

너 그것을 먹을 거니?
Will you eat that?

넌 내가 그리울 거니?
Will you miss me?

너는 선생님이 될 거니?
Will you be a teacher?

너는 아빠가 될 예정이니?
Will you be a father?

너는 가수가 될 예정이니?
Will you be a singer?

너는 늦을 예정이니?
Will you be late?

넌 유명하게 될 거니?
Will you be famous?

넌 부자가 될 거니?
Will you be rich?

넌 인기 있게 될 거니?
Will you be popular?

넌 아플 것 같아?
Will you be sick?

넌 괜찮을 것 같아?
Will you be OK?

넌 행복할 것이니?
Will you be happy?

220~222 Page

1. 나는 꽃들을 살 거야.
   I will buy flowers.

2. 나는 우유를 살 예정이야.
   I am going to buy milk.

3. 나는 차를 살 예정이야.
   I am going to buy a car.

4. 나는 너에게 키스할 거야.
   I will kiss you.

5. 나는 예약을 할 거야.
   I will make a reservation.

6. 나는 자러 갈 거야.
   I am going to bed.

7. 난 널 죽일 거야.
   I will kill you.

8. 난 그녀를 도울 예정이다.
   I am going to help her.

9. 나는 영화를 볼 거야.
   I will watch movies.

10. 나는 쇼핑을 갈 예정이다.
    I am going to shop.

11. 난 술 마시러 나갈 거야.
    I am drinking out.

12. 나는 해외를 갈 예정이다.
    I am going to go abroad.

13. 나는 저녁을 만들 예정이다.
    I am going to make dinner.

14. 나는 데이트를 할 예정이다.
    I am going to have a date.

15. 나는 중국을 갈 예정이다.
    I am going to go to China.

16. 나는 일본에 갈 예정이다.
    I am going to travel to Japan.

17. 나는 서울에 갈 예정이다.
    I am going to go to Seoul.

18. 나는 직장을 가질 예정이다.
    I am going to get a job.

19. 나는 승진을 할 예정이다.
    I am going to get a promotion.

20. 나는 인터뷰를 가질 예정이다.
    I am going to have a job interview.

21. 나는 경찰관이 될 것이다.
    I am going to be a police officer.

22. 나는 삼촌이 될 예정이다.
    I am going to be an uncle.

23. 너는 건강하게 될 것이다.
    You will be healthy.

24. 너는 외롭게 될 것이다.
    You will be lonely.

25. 너는 똑똑하게 될 것이다.
    You will be smart.

26. 너는 유감스럽게 될 것이다.
    You will be sorry.

27. 너는 이것을 후회할 것이다.
    You will regret this.

28. 비가 올 예정이다.
    It's going to be rainy.

29. 눈이 올 예정이다.
    It's going to be snowy.

30. 화창할 예정이다.
    It's going to be sunny.

모범 답안

228 Page

What are you going to do ~에 대한 대답 예

I am going to eat out.(저는 외식을 할 예정이에요.)
I am going to work.(저는 일할 거예요.)
I am going to study English.(저는 영어를 공부할 거예요.)
I am going to watch movies.(저는 영화를 볼 거예요.)
I am going to have a date.(저는 데이트를 할 예정이에요.)
I am going to go shopping.(저는 쇼핑을 갈 거예요.)
I am going to travel.(저는 여행을 할 예정이에요.)
I am going to do exercises.(저는 운동을 할 거예요.)
I am going to meet friends.(저는 친구들을 만날 거예요.)
I am going to go to school.(저는 학교를 갈 거예요.)
I am going to do nothing.(저는 아무것도 안 할 거예요.)

229 Page

What are you doing ~에 대한 대답 예

I am playing badminton.(저는 배드민턴을 칠 거예요.)
I am shopping online.(저는 온라인 쇼핑을 할 거예요.)
I am talking on the phone with my friend.(저는 친구랑 전화통화를 할 거예요.)
I am writing a diary.(저는 일기를 쓸 거예요.)
I am taking a bath.(저는 목욕을 할 거예요.)
I am going to bed early.(저는 일찍 자러 갈 거예요.)
I am reading books.(저는 책을 읽을 거예요.)

What will you do ~에 대한 대답 예

I will wash my face.(저는 얼굴을 씻을 거예요.)
I will make breakfast.(저는 아침을 만들 거예요.)
I will get dressed.(저는 옷을 입을 거예요.)
I will go to work.(저는 일하러 갈 거예요.)
I will listen to music.(저는 음악을 들을 거예요.)
I will have breakfast.(저는 아침을 먹을 거예요.)
I will go jogging.(저는 조깅을 할 거예요.)
I will drink coffee.(저는 커피를 마실 거예요.)

230~231 Page

What are you doing ~에 대한 대답 예

I am going home.(저는 집에 갈 거예요.)
I am having dinner with my friend.(저는 친구와 저녁을 먹을 예정이에요.)
I am spending time with my kids.(저는 아이들과 놀 거예요.)

What are you going to do ~에 대한 대답 예

I am going to play computer games.(저는 컴퓨터 게임을 할 거예요.)
I am going to hang out with friends.(저는 친구들과 놀 거예요.)
I am going to watch movies.(저는 영화를 볼 예정이에요.)

What will you do ~에 대한 대답 예

I will take a nap.(저는 낮잠을 잘 거예요.)
I will go for a drive.(저는 드라이브를 갈 거예요.)
I will go fishing.(저는 낚시를 갈 예정이에요.)

What are you doing ~에 대한 대답 예

I am having dinner.(저는 점심을 먹을 거예요.)
I am having a coffee with my friends.(저는 친구들과 커피를 마실 예정이에요.)
I am doing my homework.(저는 숙제를 할 거예요.)

What are you going to do ~에 대한 대답 예

We are gping to have dinner.(우리들은 저녁을 먹을 예정이에요.)
We are going to have a drink.(우리들은 술을 마실 거예요.)
We are going to shop.(우리들은 쇼핑을 할 거예요.)

What will you do ~에 대한 대답 예

I will brush my teeth.(저는 이를 닦을 거예요.)
I will eat fruit.(저는 과일을 먹을 거예요.)
I will take a walk.(저는 산책을 할 거예요.)

What will you do when ~에 대한 대답 예

I will rest.(저는 휴식을 취할 거예요.)
I will surf the Internet.(저는 인터넷을 할 거예요.)
I will draw pictures.(저는 그림을 그릴 거예요.)

What are you doing when ~에 대한 대답 예

I am buying clothes.(저는 옷을 살 예정이에요.)
I am buying grocery.(저는 식료품을 살 예정이에요.)
I am spending time with friends.(저는 친구들과 시간을 보낼 예정이에요.)

What will you do ~에 대한 대답 예
I will listen to music.(저는 음악을 들을 거예요.)
I will cook.(저는 요리를 할 거예요.)
I will do nothing.(저는 아무것도 하지 않을 거예요.)

245~247 Page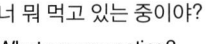

너 뭐 먹고 있는 중이야?
What are you eating?
➡ I am eating cookies.

너 뭐 입고 있는 중이야?
What are you wearing?
➡ I am wearing a suit.

너 뭐 마시고 있는 중이야?
What are you drinking?
➡ I am drinking tea.

너 뭐 공부하고 있는 중이야?
What are you studying?
➡ I am studying English.

너 뭘 보고 있는 중이니?
What are you watching?
➡ I am watching a movie.

너 뭘 요리하고 있는 중이니?
What are you cooking?
➡ I am cooking a steak.

너 뭘 만들고 있는 중이니?
What are you making?
➡ I am making dinner.

너 무엇을 사고 있는 중이니?
What are you buying?
➡ I am buying shoes.

너 뭘 읽고 있는 중이니?
What are you reading?
➡ I am reading a novel.

너 어디서 그녀를 만나고 있는 중이니?
Where are you meeting her?
➡ I am meeting her in the office.

너 어디서 저녁을 먹고 있는 중이니?
Where are you having dinner?
➡ I am having dinner at a restaurant.

너 어디서 공부하고 있는 중이니?
Where are you studying?
➡ I am studying at Estar.

너 어디서 머물고 있는 중이니?
Where are you staying?
➡ I am staying at a hotel downtown.

너 누구랑 얘기하고 있는 중이니?
Who are you talking to?
➡ I am talking to my friend.

너 누구랑 공부하고 있는 중이니?
Who are you studying with?
➡ I am studying alone.

너 누구랑 술 마시고 있는 중이니?
Who are you drinking with?
➡ I am drinking with my coworkers.

너 누구랑 싸우고 있는 중이니?
Who are you fighting with?
➡ I am fighting with my boss.

모범 답안

너 누구랑 키스하고 있는 중이니?
Who are you kissing?
➡ I am kissing my girlfriend.

너 누구랑 머물고 있는 중이니?
Who are you staying with?
➡ I am staying with my friend.

너 누구랑 저녁을 먹고 있는 중이니?
Who are you having dinner with?
➡ I am having dinner with my friends.

누가 요리하고 있는 중이니?
Who is cooking?
➡ My mother is cooking.

누가 울고 있는 중이니?
Who is crying?
➡ A girl is crying.

누가 공부하고 있는 중이니?
Who is studying?
➡ Students are studying.

누가 웃고 있는 중이니?
Who is laughing?
➡ The boy is laughing.

누가 자고 있는 중이야?
Who is sleeping?
➡ My baby is sleeping.

248~249 Page

나는 점점 피곤해지고 있어.
I am getting tired.

나는 점점 외로워지고 있어.
I am getting lonely.

나는 점점 아파가고 있다.
I am getting sick.

나는 점점 젖어가고 있다.
I am getting wet.

나는 점점 추워지고 있다.
I am getting cold.

나는 점점 늙어가고 있다.
I am getting old.

나는 점점 더 커지고 있다.
I am getting bigger.

점점 흥미로워지고 있다.
It's getting interesting.

점점 더워지고 있다.
It's getting hot.

점점 위험해지고 있다.
It's getting dangerous.

점점 깨끗해지고 있다.
It's getting clean.

점점 시끄러워지고 있다.
It's getting noisy.

점점 복잡해지고 있다.
It's getting complicated.

점점 더 어려워지고 있다.
It's getting difficult.

점점 더 나아지고 있다.
It's getting better.

점점 더 기이해지고 있다.
It's getting weird.

영어회화의 정석